技術の
Engineering Ethics
倫理

鬼頭葉子
Yoko Kito

● 技術を通して社会がみえる

ナカニシヤ出版

目　　次

はじめに……………………………………………………………3

  1 本書の目的 3

  2 本書の特徴 3

  3 技術者倫理を学ぶ意義 5

  4 本書の構成 6

  5 本書の使い方 7

第1章　なぜ技術者に倫理学が必要なのか？……………………11

  1 専門職の倫理としての技術者倫理（engineering ethics） 12

  2 技術者にはどのような責任があるのか 15

  3 技術に内在する倫理的課題 16

  4 倫理学を学ぶ目的 18

  まとめ 21

  それでも残る問い〜発展学習〜 21

第2章　私たちはなぜ正しいことをしなければならない
　　　　のか？………………………………………………………23
　　　　　　──プラトンと正義──

  1 「正しさ」についての問い 24

  2 人間が生きるのは何のため？ 25

  3 人間は正義など求めていない？ 28

  4 「正しさ」の基準 29

  まとめ 31

  それでも残る問い〜発展学習〜 31

i

第3章　人間は何を目指して生きるのか？……………………33
——アリストテレスと幸福——

1　皆，何を目指して生きている？　34

2　善い人とは，どのような人だろうか？　37

3　ちょうどよいのは真ん中　39

4　人間は幸福を目指すのか？　正義を目指すのか？　40

まとめ　41

それでも残る問い〜発展学習〜　42

第4章　人間は幸福になるため，正しく行為するわけではない？………………………………………43
——カントと道徳法則——

1　幸福を目指すことは正しくない？　44

2　義務論　45

3　道徳法則の形式——定言命法　47

4　道徳法則の内容——格律の普遍化　48

5　道徳法則の内容——人格の尊重　50

6　適法性と道徳性　51

まとめ　53

それでも残る問い〜発展学習〜　54

第5章　正しさは幸福の量で決められる？………………………55
——ベンサムと功利主義——

1　近代人と功利主義　56

2　功利主義における「平等な配慮」という特徴　58

3　社会政策における功利主義の可能性と限界　59

4　工学的判断と功利主義——フォード社「ピント」事件　60

5　そもそも，幸福とは何だろうか？　63

まとめ　65

それでも残る問い〜発展学習〜　65

第6章　幸福と自由は両立するか？ ……………………………67
──ミルと自由主義──

1　「自由」と「幸福」の関係　68

2　消極的自由と積極的自由　71

3　自由と安全の関係　72

4　現代人と自由──技術の「非決定性」と「他者性」　74

まとめ　75

それでも残る問い〜発展学習〜　75

第7章　自由と平等は，両立するか？ ………………………79
──ロールズと正義論，ノージックと自由至上主義，
マッキンタイアと共同体主義──

1　「自由」と「平等」の関係　80

2　功利主義と平等な顧慮　81

3　人間は何を持っているか　82

4　正義にかなった社会　83

5　所有物に関する権原の問題　85

6　正当な社会とは？　86

まとめ　89

それでも残る問い〜発展学習〜　89

第8章　ビジネスは誰のためか？ ………………………………91
──技術とビジネス，グローバルな正義──

1　企業の目的は何か？　92

2　技術と市場　93

3　技術開発と外部環境　94

4　市場への信頼　96

目　次　iii

5 アマルティア・センの経済学　98

6 国境を超える技術──「法人税のパラドクス」の終焉　100

7 グローバルな正義　102

まとめ　104

それでも残る問い〜発展学習〜　104

第9章　技術が社会を変えるのか？ 社会が技術を変えるのか？……107
──技術と政治，技術と社会的多様性──

1 人工物による私たちへの生活への影響　108

2 技術が社会を変えるのか？　社会が技術を変えるのか？　109

3 障がいと公共空間　110

4 ユニバーサルデザインの可能性　112

5 人工物と政治社会　114

まとめ　117

それでも残る問い〜発展学習〜　117

第10章　戦争は技術を進化させるのか？………………119
──技術と軍事開発──

1 デュアルユースの事例　120

2 戦争と技術開発──2度の世界大戦と科学者たち　121

3 核物理学とマンハッタン計画　123

4 技術者は人工物に対してどこまで責任を持つか？　126

5 技術は「中立」のものだろうか？　127

まとめ　129

それでも残る問い〜発展学習〜　129

第11章　人工知能は人間の将来を変えるか？………………131
──AI技術と人間の社会──

1　人工知能の出現とその展開　132

　　2　ディープラーニング　134

　　3　人間の特質とは何か？　136

　　4　AI が社会を変える？　139

　　まとめ　141

　　それでも残る問い〜発展学習〜　141

第12章　水俣病の悲劇から何を学ぶか？……………………143
　　　　　　　──技術者の責任と公害──

　　1　「公害」とは　144

　　2　水俣病の発生の経緯　146

　　3　水俣病の原因究明の経緯　147

　　4　水俣病に関する訴訟と法整備　149

　　5　予防原則の重要性　150

　　6　予防原則の先へ　152

　　まとめ　153

　　それでも残る問い〜発展学習〜　153

第13章　私たちは誰に配慮しなければならないのだろ
　　　　　うか？………………………………………………155
　　　　　　　──生態系と人間──

　　1　くまモンは九州にはいない！？　156

　　2　人間の技術は自然環境を変える　157

　　3　環境倫理学の系譜　159

　　4　動物の権利，動物の解放　160

　　5　生命中心主義　162

　　6　生態系中心主義　163

　　まとめ　164

　　それでも残る問い〜発展学習〜　165

第14章　私たちは将来世代に責任を負うのだろうか？……167
——技術と世代間倫理——

1　「持続可能性」は誰のため？　168

2　将来世代への責任——人間はなぜこの先も存在し続けなければ
　　ならないのか？　169

3　10万年後の安全？——核廃棄物の問題　171

4　異なる世界の人々に対するグローバルな責任　175

まとめ　178

それでも残る問い〜発展学習〜　178

第15章　生命の始まりと終わりを技術が決める？…………183
——医療と技術——

1　医療と技術　184

2　生命の終わりに関する医療技術　185

3　生命の始まりに関する医療技術　186

4　医療技術の高度化がもたらす問題　187

5　医療技術と倫理学　190

まとめ　193

それでも残る問い〜発展学習〜　193

*

あとがき　195

人名索引　198

事項索引　199

【コラム】

アリストテレスと自然学　　36

刑罰の思想　　52

世界の戦争は終わらない：アフガニスタンの悲劇　　128

「ミナマタ」を世界に伝えたユージン・スミス　　148

あなたの足跡のサイズは？：エコロジカル・フットプリント　　158

技術の倫理
──技術を通して社会がみえる──

はじめに

1　本書の目的

　本書は技術者になろうと考えている人，エンジニアリング企業で仕事をしたいと考える人，さらに技術を利用するすべての人々のために執筆された。よって本書は，技術者の職業倫理という狭い意味での技術者倫理にとどまらず，技術によって規定され，同時に技術を規定する現代社会の一市民として生きていくために必要な知識や考え方を提供することを目標としている。したがって，私たちの誰もがその影響を受けている「技術」という一つのトピックを通して，そこから社会や人間のあり方を眺望してみた時に何が見えてくるのか，読者の皆さんがそれぞれに考えをめぐらしていただくことが本書の最終的なゴールである。本書で取り上げた各章のテーマは，倫理学においても，また工学技術の分野や社会問題においても，最新の議論や喫緊の課題をピックアップするよう心掛けており，どのような立場の人も避けて通ることができない問題ばかりである。

　また本書は，倫理学の入門書としても読むことができるよう，技術に関わる諸問題を考えるツールとなる倫理学思想にも多くの紙面を割いた。本文中でも触れるが，倫理学における判断と工学における判断は類似している。工学的判断も倫理的判断も，手に入る限りの資源やデータをもとにあらゆる可能性を想定しつつ，限られた時間内に何らかの暫定的な判断を下さなければならないからだ。倫理学への関心から本書を手に取っていただいた方も，ぜひ工学技術におけるジレンマや葛藤といった諸問題に関心をお持ちいただけたら幸いである。

2　本書の特徴

　本書の第 1 章では，技術に関心を持つ人が倫理学を学ぶ意義について論じ

る。そして前半（第2章から第7章まで）を倫理学や政治哲学などの思想についての記述とし，後半（第8章から第15章まで）を，技術に関わる諸問題や技術と社会との関わりについて，哲学・倫理学と関連させつつ考察する記述にあてた。本書は単に「思想史」と「技術の事例」を組み合わせたものではなく，「技術に関する問題を哲学的・倫理学的に考える」ことを試みている。従来の教科書では，工学分野における事故や失敗事例の分析を中心に，倫理学についての記述を付加した内容が多くみられた。しかし本書では，工学分野における事故事例や失敗事例を中心に取り上げるのではなく，政治・経済・社会問題など様々なテーマを取り上げつつ，そのいずれもが技術と密接な関わりを持つことを論証し，技術者そして技術ユーザーが有する社会的責任について考察することが中心的な内容となる。

　事故事例そのものの分析を中心とする学習であれば，倫理や哲学を専門とする教員よりは，工学研究者やエンジニアリング企業の第一線にある技術者から学んだほうが有効であろう。たしかに事故事例や失敗事例の分析から，同じ事故や失敗を繰り返さないための一般的・普遍的な方策，すなわち「安全が最優先」や「法令遵守」などの原則は導かれるかもしれない。しかし工学分野においては，研究・開発・製造の各プロセスが企業ごと，あるいは産業ごとに異なる場合が多く，それぞれの企業あるいは産業における研究・開発・製造に即した安全対策や法令（および業界ルール）の遵守が重要となる。よって過去の事故事例や失敗事例から導き出され，文脈の異なるケースへもそのまま適用できるような対策は，きわめて一般的な内容に限定されてしまうだろう。

　本書では一般的・普遍的な方策が適用できないような事柄，例えば新たな技術開発が社会にどのような変化をもたらすかなど，誰も確かなことを知りえないような問題を哲学的・倫理学的な方向から考える試みを行う。もちろん論理的な根拠をもとにしても，そのような問題には暫定的な答えを出すことしかできないだろう。しかし私たちは，そこから他の人々との討議によって，あるいは他者の考えに聴くことによって，よりよい解決策を見出す可能性も有している。

3 技術者倫理を学ぶ意義

　本書の第1章で詳述するが，技術者倫理を学ぶ意義について簡単に触れておきたい。技術者倫理は，たいがいは工業高等専門学校や大学工学部の学生を対象とした科目である。しかし受講する学生の中には技術者にならない人も多くいるだろう。また技術者になったとしても，全員に技術開発の最前線に立つチャンスがあるとは限らない。就職して数年で技術部門から離れる場合もあるだろう。技術者倫理が，卒業論文を準備する間や，就職後の数年間しか用をなさないものに過ぎないのならば，一年や半年も時間をかけてそれを学ぶ理由はどこにあるのだろうか。

　現在，技術者倫理は，「日本技術者教育認定機構（JABEE: Japan Accreditation Board for Engineering Education）」の指針からも学ぶべき項目となっている。JABEE では，技術者養成のための教育プログラムが次の9項目を満たすことを要求している。

(a) 地球的視点から多面的に物事を考える能力とその素養

(b) 技術が社会や自然に及ぼす影響や効果，及び技術者の社会に対する
　　貢献と責任に関する理解

(c) 数学，自然科学及び情報技術に関する知識とそれらを応用する能力

(d) 当該分野において必要とされる専門的知識とそれらを応用する能力

(e) 種々の科学，技術及び情報を活用して社会の要求を解決するための
　　デザイン能力

(f) 論理的な記述力，口頭発表力，討議等のコミュニケーション能力

(g) 自主的，継続的に学習する能力

(h) 与えられた制約のトで計画的に仕事を進め，まとめる能力

(i) チームで仕事をするための能力

　なかでも（a）と（b）の2項目は，技術者倫理において習得すべき知識・能力であるが，これらは技術者だけでなく，技術を利用する側の者も学ぶべき内容だろう。技術は社会に善かれ悪しかれ，多大な影響を及ぼす。そういった技術そのものに内包される問題や，技術開発の功罪について考えるこ

はじめに　　5

とは，現代社会に生きる私たちの誰もが避けては通れないことである。

　従来の技術者倫理では，企業によるコンプライアンス違反や不祥事が後を絶たない状況に鑑み，技術者たちを若いうちから品行方正な人間になるよう教育することが狙いだと捉えられてきた向きもあるかもしれない。しかし筆者は，「コンプライアンスに従うことを教育する」のではなく，そもそも「正しい行為」とは何か，なぜ正しいことをしなければならないのかを問うことによって，自らの判断を吟味する姿勢を持つことが重要だと考える。コンプライアンスにただ服従するのではなく，自らの理性に基づいて主体的に遵守することを選び取るのでなければ，人間は自らの自由も責任も全うすることはできないだろう。

　また工学系学科に所属する学生は，工学の専門知識を習得するための学習カリキュラムの下，多忙な日々を過ごしている。一般的な教養として倫理学や哲学に触れたり，社会状況について学んだりする機会を持つことが難しい場合も少なくない。しかし倫理学や哲学など人間や社会のあり方について考える学びは，どのような専攻の学生であっても，社会の一員として生きていくにあたって欠かすことはできないだろう。市民としてまた主権者として私たちがどう生きるのか，また私たちがどのような社会を形成していくかは，一人一人が決断し決定していかなければならないからだ。以上が筆者の考える技術者倫理を学ぶ意義である。

4　本書の構成

　本書は15の章によって構成され，1回の授業で扱う内容を1章ごとにまとめている。各章で目指す内容を明確にするため，冒頭に「学習目標」および「キーワード」を提示した。また各章のはじめに登場する猫の「ルクス君」と犬の「ヴェリタス君」の会話は，技術なしでは生きられない私たち人間とは異なる視点に立ってみることによって，人間や社会のあり方を俯瞰するためのちょっとした「あそび」である。また彼らの会話は，その章で扱う内容のとても短いまとめになっていたり，問題提起になっていたりする。哲学や倫理学において，異なる視点から物事を捉え直すことは，自分のものの見方を吟味し精査し，自問するために必要な作業である。道具や技術を作り出さない動物たちの目を通して，世界の見方が異なって見えてくることは，筆者

個人が身近な動物たちとの生活の中で体験したことでもある。ちなみに彼らの名前，「ルクス」はラテン語で「光」，「ヴェリタス」は「真理」を意味する。本書の執筆中，筆者が在外研究で滞在した米国イェール大学のスクールモットー「光と真理（Lux et Veritas）」を借りた名前である。ルクス君とヴェリタス君が，読む方に何らかのひらめきや，真理を問うきっかけを喚起してくれることを願っている。

　最後の「それでも残る問い〜発展学習〜」では，社会問題として議論のただ中にあるような話題や，賛否が分かれるような内容も取り上げた。よって講義でのディスカッションや，さらなる学習テーマとして追求したい方にはぜひ参照していただきたく思う。

　そして「より学びを深めたい人のための文献案内」では，筆者が本書執筆にあたって参照した文献を中心に挙げたが，関心を持ちやすい映像作品なども挙げている。

5　本書の使い方

【この本を使って授業を行う先生方へ】

　本書は，半期15回の授業を想定し，1回の授業で1章の内容を扱うことができるように構成した。しかしすべての章を取り上げないと話がつながらないわけではないので，各先生方が重要と思われる内容をより深く扱うなど，柔軟に活用していただきたいと思う。各章冒頭の犬と猫の会話は，一種のアイスブレイクとして，学生同士の討議を促すため等にお使いいただきたい。またアクティブラーニングを志す方には，本書を予習のために使用し，授業・講義では重要なポイントをピックアップして解説した後，「それでも残る問い」などを参照し，学生同士のディスカッションを中心に授業を構成されるのも一案である。その他「それでも残る問い」は，発展学習として，レポート等の事後課題にしてもよいだろう。

　また本書は，一般教養課程における倫理学の入門書として，あるいは主権者教育やシティズンシップ教育の教科書としても使っていただくため，日本の現代社会の問題を含めた幅広い内容を含むよう，留意して執筆した。先生方の多様な関心に応えることができれば幸いである。

はじめに　　7

【この本を使って技術者倫理を学ぼうとする学生の皆さんへ】

　本書は教科書として授業の時間内に参照できるが，主には予習・復習を中心に活用していただきたい。学生の皆さんの便宜を図るため，重要な語句や概念をゴシック体で示したが，それを丸暗記するのではなく，それぞれの語句や概念がどのような内容や成立背景を持っているか，自分の言葉で説明できるよう理解を深めてほしいと思う。技術者倫理で重要なことは，過去の事故や失敗事例についての知識を暗記することではないし，哲学者や倫理学者の名前を記憶することでもない。技術開発にあたっては，新たな社会のあり方や人間のあり方を考えていかなければならない。倫理学や哲学は，先人たちが考えた思索をなぞりそのやり方を真似ながら，先人たちの時代には存在し得なかったような新しい事象や問題について，自ら考えることができるよう，トレーニングを行うことなのだ。

　また倫理学は，学生個々人がいかに「善人」であるかを評価するものではない。倫理学の授業でディスカッションを行った場合も，正解があるわけではない。重要なのは，単なる思いつきや，何となくといった理由ではなく，自分はどのような「理由」でそう考えたのかを，論理立てて説明できることである。

　例えば，筆者は倫理学の授業の中で，遺伝子組み換え技術を用いた農作物について扱ったことがある。その技術に賛成あるいは反対する両方の議論を紹介し，自身の立場を明確にしつつ賛否を述べるというレポートを課した。多くの学生は予防原則の観点や欧州での規制実績を理由に反対意見を述べていた（第12章参照）。しかし中には「日本の農業は生産者の高齢化が進んでおり，日本で農業を維持するためには，遺伝子組み換え作物を認め効率化を図るべきだ」という意見もあった。これは実家が農家であるという学生が，自らの立場で問題状況を捉えて論じたという点で，優れた回答である。賛成の立場をとるかあるいは反対するか，それ自体は評価のポイントではなく，どれだけきちんと考えられた理由を述べることができるかが最も重要だからである（もちろん農業における高齢化対策には，遺伝子組み換え作物の導入による効率化だけではなく，さらなる機械化や大規模化，企業化，AIの導入など様々な手段が考えられる）。

　さらに倫理学においては，様々な視点や論点から考えてみることで，自分が経験できない他者の立場について，想像力をはたらかせることが大切な訓

練となる。私たちは自分を中心に物事を考える。もちろん始まりはそこからだが，私たちは想像力を用いることによって，自分とは異なる世界の人々や異なる世代の人々，異なる身体機能を持つ人々，さらに人間以外の存在についても他者の立場に立つことが可能である。倫理学においては，幅広く多様な他者の立場に立ってみた上で，いったい自分はどうするのか，その「理由」を明らかにすることを迫られるのだ。

　はじめは，独特の用語や人名などを面倒だと思う人も多いかもしれない。しかし哲学・倫理学の枠組み（フレームワーク）をうまく使って物事や社会を見ることができたら，優れた写真家の作品を見るように，まざまざと目の前に突きつけられるものや新たに見えてくるものをあなたは見出すことだろう。

第 *7* 章

なぜ技術者に倫理学が
必要なのか？

【学習目標】
☞倫理学を学ぶ目的と，技術者倫理の特性を理解できる。

【キーワード】
☞プロフェッション（専門職）　クライアント　倫理綱領　コンプライ
　アンス（法令遵守）　公衆　社会的実験としての工学技術

全米プロフェッショナル・エンジニア協会（NSPE; National Society of
Professional Engineering）による「Code of Ethics for Engineers（技術
者のための倫理規定）」（抜粋）

Ⅰ．根源的規範
　エンジニアは，自身の専門職としての責務を遂行するにあたり，以下
を規範としなければならない。
　1．公共の安全，衛生，及び福利を最優先とする。
　2．自身の専門能力の範囲内でのみ役務を遂行する。
　3．公式声明は，客観的かつ誠実な態度でのみ行う。
　4．自身の雇用主あるいは顧客のために，誠実な代理人または受託者
　　　として行動する。
　5．欺瞞的な行動を回避する。
　6．この専門職の名誉，評判，及び有用性を高めるため，自身の誇り

11

と責任を持ち，倫理的かつ法を遵守した振る舞いを示す。

1　専門職の倫理としての技術者倫理（engineering ethics）

技術者（engineer）とは，機械・電気・建築・土木・化学・輸送・通信・食品などの分野で，製品やサービスを設計し製造することに携わる人を指す。技術者に対する「技術士」資格の認定，すなわち文部科学大臣の指定試験機関・指定登録機関として技術士試験の実施等を行っている日本技術士会は，2007年に「技術士プロフェッション宣言」を公表している。技術士は「プロフェッションにふさわしい者」として，定められた「行動原則を守る」とともに「自律的な規範に従う」ものとされている。ここで言う**プロフェッション**とは，日本語で言えば**専門職**を意味する。日本技術士会によれば，技術者が「専門職」と呼ばれるのは，以下の4つの特徴を持つからである。

1．教育と経験により培われた高度の専門知識及びその応用能力を持つ。
2．厳格な職業倫理を備える。
3．広い視野で公益を確保する。
4．職業資格を持ち，その職能を発揮できる専門職団体に所属する。

1番目の特徴である「専門知識とその応用能力」については，科学技術が高度な知識体系に依拠するものである以上，専門的な教育・学習が必要であることは明白だろう。また，4番目の特徴について，技術者やエンジニアには，医師国家資格のような明確な免許制度はないが，技術者としてのトレーニングを受けた者が運営する高等教育機関において，規定の教育プログラムを修了することが必要となるため，医師同様，技術者も専門家集団による教育・業務の独占という特権を持っていると考えられる[*1]。2番目と3番目の特徴については，続けて詳細に説明していきたい。

2番目の特徴である「職業倫理」を備えることについては，医師や看護師，

＊1　伊勢田哲治「専門職の倫理と技術者」『科学技術倫理を学ぶ人のために』世界思想社，2005年。

介護士などケアに携わる職業をはじめ，国家公務員など多くの職業分野でそれぞれの**倫理綱領**（code of ethics）が定められている（企業や学校法人が，組織の理念等に鑑み，独自に倫理綱領を定めている場合もある）。日本技術士会も「技術士倫理綱領」を制定しており，また米国の全米プロフェッショナル・エンジニア協会（NSPE）でも「エンジニアのための倫理規定（Code of Ethics for Engineers）」を制定している。これらの倫理綱領は，法律とは異なり，違反した場合に明確なペナルティが課されるわけではないが，専門職として「自律的に」規範に従うことが求められている。他方で近年，各企業において**コンプライアンス（法令遵守）**が重視されているが，法令とは行政で決められた法律や条例など，法として拘束力のある規則を指すため，違反した場合は企業の信用や評判を落とすのみならず，罰則が科せられる場合がある。[*2] したがって，技術者が法令違反をしないことは当然であって，専門職としてはさらに高度な倫理規範が要請されているということになる。それではなぜ，専門職にそのような高い倫理規範が求められるのだろうか。

　プロフェッションあるいはプロフェッショナルという言葉は，もともと「公言する（profess）」という意味の動詞に由来している。中世ヨーロッパにおいて，「プロフェッション（専門職）」と呼ばれた人々は，神から特別にこの仕事をするようにという召命（vocation）を与えられ，それに応えて働く意志を公言した人々であった。[*3] 当時は，聖職者・医師・法律家が「専門職」とされたが，これらの職業は特別な知識や技能を必要とするため，召命が与えられた人だけに可能であるという意味を持つと同時に，**クライアント**に向き合う職業でもあるという意味で，特別なものとみなされた。聖職者にとってのクライアントは信徒であり，医師にとってのクライアントは患者である。法律家も依頼人であるクライアントを前にして，初めてその知識が有用なものとなる。したがって専門職とは，特別な職能や職業意識を持ち，クライアントに接するという点で，特別な倫理規範も必要とされる人々だとい

＊2　「コンプライアンス」の語は，社内規範や社会通念なども含めた意味で使われるケースも増えている。

＊3　vocation という語は，「職業（job）」の格式ある言い方としても使われる。「職業」を表す英語として他に calling という言葉もあるが，これは call という語幹の通り，「（神から）その仕事をするように呼び出されている」という意味で，「天職」「使命」といったニュアンスがある。ちなみに vocation も，vocal（声の）と同じ語源で「呼び出される」というニュアンスを持つ言葉である。

うことになる。

　技術者は人工物やサービスを造り出す職業であるため，クライアントとはそれらを介して接することになる。技術者にとって，製品やサービスを発注する顧客や依頼主が直接のクライアントになる場合が多い。しかし技術者は，人工物やサービスを介して，それらを利用するユーザーとの関わりを持っている。さらに技術は，直接のユーザーでない人々にも影響を与える可能性も持っている。例えばIT（情報技術）は，社会のコミュニケーションの手段や政治経済のあり方を変化させているが，このような変化は，IT機器を自身で利用しない人々に対しても影響を及ぼしている。さらに科学技術は，人間の社会のみならず，自然環境にも大きな影響力を持つ。したがって技術者は，直接クライアントに対峙する機会が少なくても，クライアントの規模や与える影響力を考えれば，その専門職としての責務の重大さは，医師や法律家と同等である。

　さらに3番目の特徴に示されたように，専門職にある者は，公益つまり社会一般のためになることを踏まえて行動するという点も，科学技術が誰のためのものなのかを考えれば明らかとなる。全米プロフェッショナル・エンジニア協会（NSPE）は，倫理綱領の基本原理（Fundamental Canons）として，エンジニアは「公衆（the public）の安全・健康・福利を最優先するべき（shall）である」と述べている。日本技術士会が制定している「技術士倫理綱領」でも，冒頭に「技術士は，公衆の安全，健康及び福利を最優先に考慮する」ことがうたわれている。技術は，**公衆**すなわち社会全体の人々の幸福を目指すものであって，自己の利益や自分が所属する組織の利益といった「私益」のみに資するものではない。

　さらに言えば，技術者はどこまでを公衆と捉えるかという点についても，公衆として配慮の対象へと包括し損ねている人々の存在がないか，よく考えてみる必要があるだろう（この問題は第13章，第14章でも改めて扱う）。公衆の福利を優先するためには，社会にどのようなニーズがあるのか，中でも障がいのある人やマイノリティのニーズにも答えることができているのか，十分

＊4　自己が所属する組織において法令違反行為があった場合，内部告発を行った労働者が解雇などの不利益を被らないよう「公益通報者保護法」が制定されている。これは内部告発が，社会に対する警告や事実の公開などの「公益」に資するという考えに基づいて制定されたものである。

な想像力を持つ必要がある。しかしまた，技術者は社会のニーズに受動的に答えるのではなく，専門職として社会のニーズから距離を取って，その是非をよく吟味してみることも必要だろう。社会から要請されていることが本当に適切なニーズなのかどうか，専門知を持つ立場から見解を述べることもまた，専門職のつとめである。

2　技術者にはどのような責任があるのか

　それでは，技術者の専門職としての位置づけを踏まえた上で，技術者には具体的にどのような責任があるのかを見ておこう。先述のように，倫理的あるいは道徳的責任と，法的責任とは異なるものである。法的責任は罰則や賠償などを伴うが，倫理綱領への違反に対しては，具体的なペナルティが示されていない。しかしコンプライアンス違反については，法令が含まれるため，罪科に問われることがある。さらに技術者特有の法的責任として，製造した人工物の何らかの欠陥によって，他者の身体や財産に損害を与えた場合，**製造物責任法（PL法**：product liability law）に基づいてメーカーが賠償責任を負うことがある。

　『工学倫理入門』の著者であるシンジンガーとマーティンは，このような行動に対する賠償責任の他，**説明責任（アカウンタビリティ）**を技術者の責任として挙げている。企業や技術者は，消費者・従業員・顧客・株主などの[*5]**利害関係者（ステークホルダー）**に対し，自分自身の行動について，なぜそのように行為したのかを説明できなければならない。特に「自発的な行動」，すなわち正しいか間違っているかについて当然知っているべきである行動と，また強制されたわけではなく自由が許されていた行動については，説明する責任がある。シンジンガーらは，心理実験である「ミルグラム実験」を事例に，雇用主に絶対服従しその権威に従うのみの場合，人は容易に説明責任を放棄することを指摘している。[*6]ミルグラム実験では，「被験者」に対し，権威を持つ「実験者」と，「学習者」が想定され，「被験者」は「学習者」が誤った回答をするたびに電気ショックを与えるよう，「実験者」に指示される。被験者は電気ショックを次第に強くするよう指示されるが，学習者は痛

　＊5　シンジンガー／マーティン『工学倫理入門』丸善，2002年，46頁。

　＊6　同前，124 - 126頁。

第1章　なぜ技術者に倫理学が必要なのか？　　15

いふりをしているだけで実際には電流は流されていない。このことを知らない被験者は，実験者の権威に従い，半数の被験者が最大450ボルトの電気ショックを与える命令に服従したとされる。つまり被験者は，自らの行為の理由を「権威ある者に命令されたから」としか説明できない。そして被験者と学習者の物理的な距離が近ければ近いほど，電気ショックを与えた被験者の数は減少する。この場合，被験者は自らの意志で実験者の命令に従わなかった行為の理由について，説明責任をはたすことができるのである。技術者は（多くの他の職業人も同様に），大規模なプロジェクトや組織に関わって仕事をすることによって，説明責任を放棄しがちになる。またクライアントや公衆との距離が遠くなることによって，説明責任を果たすことが難しくなるという事実にも留意しておく必要がある。

　説明責任は技術者だけに限定されるものではないが，技術者特有の責任として，その専門知を踏まえ，技術がもたらすリスクや社会的影響について広く予見する責任が生じる。というのも次に述べるように，技術にはその特性において，リスクゼロも完全な確実性もあり得ないものの，技術が危害を与えうる可能性について，いち早く予見可能なのは，専門知を持つ技術者だからである。

　しかも近年，技術に関する「予見責任」は，グローバル規模に及ぶことが想定される。日本技術者教育認定機構（JABEE: Japan Accreditation Board for Engineering Education）では，プログラム修了生が習得すべき知識・能力およびその水準を規定した9項目の学習・教育到達目標を掲げている（本書「はじめに」5頁を参照）。その中でも，（a）「地球的視点から多面的に物事を考える能力とその素養」，（b）「技術が社会や自然に及ぼす影響や効果，及び技術者が社会に対して負っている責任に関する理解」の2項目は，技術者倫理において習得すべき知識・能力とされている。すなわち技術者は，一国の利益を超えた地球的視点＝グローバルな視点から，技術が社会や自然に及ぼす影響を考え，予測しなければならないということになる。

3　技術に内在する倫理的課題

　哲学者のC.ウィットベックは，工学における人工物の「設計」という要素そのものが，限られた時間や資材などの条件の下で，指定された目的や成

果を，受容可能性・安全性・合理性などの基準を満たしつつ実現しなければならないという点で，倫理的課題のアナロジー（類似）であると指摘している[*7]。というのも，私たちが適切に行為しようとしたり，社会の課題を解決したりする倫理的行為の場合も，時間や場所の制約の下，暫定的ながら，何らかの受容可能で理にかなった解決策を見出さなければならないからである。特に工学設計においては，どちらの選択肢を取っても問題がある状況，すなわちジレンマが生じる可能性もあるが，コストと安全性を比較考量した上で，受容可能なリスクであれば計画を推進する**工学的判断**が必要となる。工学設計において，100％の条件が満たされリスクゼロであることを目指すならば，膨大なコスト（費用と時間）が費やされることになり，適切な時期に必要な人工物を提供することがかなわなくなるためである。

したがって，工学技術は「**社会的実験**」としての特性を免れることができない。シンジンガーとマーティンは，工学技術が「実験」であることを根拠づける三つの要素を挙げている。

---

1. すべてのプロジェクトは，部分的には無知の状態のままで実施されている。
2. 技術的プロジェクトの最終成果は，不確実で予想がつかない。
3. 製品が出荷される前も後も，その製品に関する情報を集め，モニタリングをする必要がある。モニタリングは，開発段階や試験段階に限定するのではなく，その製品が社会の中でいかに機能しているか，顧客の使用状況まで含めて監視（モニター）するべきである。

第1項と第2項にあるように，技術が生み出す人工物やサービスは進行中のプロジェクトであって，先述してきたように100％の安全性や確実性は確保できない。しかし重大な危害やリスクがない限り，プロジェクトを遂行し続けていかなければ，私たちには技術を利用することも開発することも不可能となる。したがって重要なのは，シンジンガーとマーティンの言葉を借りれば，「技術者として成功するために不可欠な才能は，自然に関する科学的な法則と社会についての部分的な知識だけを頼りに，仕事を安全に達成する

＊7　ウィットベック『技術倫理Ⅰ』みすず書房，2000年，71-86頁。

第1章　なぜ技術者に倫理学が必要なのか？　　17

能力なのである。」[*8]

　さらに社会の中で進行する「社会的実験としての工学技術」は，通常の実験室での実験とは異なり，比較する対照群がない。つまり，ある人工物や技術が世に出なかった場合の状況を作り出すことはできないのだ。よって，社会的実験としての工学技術は，進行をとどめることができないプロジェクトであり，しかもその最終結果は技術者であっても完全に予測することはできない。また社会的実験である以上，技術によって影響を受ける人間が対象となるため，**インフォームド・コンセント**（説明と同意）が必要である。つまり技術者は公衆に対し，製品が持つリスクとベネフィットについて，自発的な意志決定が可能となるようなすべての情報を与えなければならない。また技術者は，人工物に関して知り得る情報をすべて提供したとしても，人工物が思ってもみない使われ方をする場合，それがイノベーションにつながることもあれば，事故等につながることもあり得るが，その想定をしつつ製品についての「測定（モニター）」を継続しなければならない。

　しかしながら，技術者がリスクに対していかに予防的に行動したとしても，科学技術から**不確実性**と**無知**を取り払うことはできない。ことに近年では，ハイリスク・テクノロジーとも呼ばれる，人間の健康や自然環境に対して不可逆な影響を及ぼす技術も実用化されている。例えば，遺伝子組み換え技術や原子力技術はハイリスク・テクノロジーとみなされる。これらの技術は，社会や自然環境に対して多大な影響力がある上，安全性や結果がある程度判明するためには，将来世代にもわたる時間的スパンを必要とするという特性を持つからである。こういった技術に関しては，公衆に対するインフォームド・コンセントが十分になされた上で，専門家だけではなく社会全体で，そのあり方を考えていく必要がある。

4　倫理学を学ぶ目的

　技術者倫理は，エンジニアとして，あるいはエンジニアリング関連の企業の一員として働こうという将来展望を持つ学生たちのための科目である。技術者として倫理学を学ぶことが，いったい何を目的としているのかというこ

　＊8　シンジンガー／マーティン『工学倫理入門』丸善，2002年，104頁。

とを最後に明確にしておきたい。

　日本では，学校で「倫理」を学ぶ機会は少ないかもしれないが，欧州の教育課程（中でもフランスの高等学校にあたる「リセ」が有名である）では，倫理あるいは宗教の授業が必修科目となっている。道徳の授業なら受けたことがある，という人もいるかもしれない。「道徳」と「倫理」は，立ち入るとややこしいが，少し異なる場合がある。特に小中学生を対象とした道徳の授業では，「こうしてはいけない」とか「正しいことをするべきだ」とはっきりした答えは示されるかもしれないが，その理由までは問われないことが多いだろう。学習する生徒の年齢も考えれば，仕方がないことかもしれない。

　しかし倫理学では，「なぜいじめをしてはいけないのか？」「なぜ正しいことをしなければならないのか？」など，一歩踏み込んで考えることが中心となる。だから倫理学では「なぜ人を殺してはいけないのか？」といったような一見不穏当な問いも，きちんとその理由を考えなければならない，りっぱな倫理学的問いなのである。正しいことをすべきだという理由について，「みんなが幸福になるから，正しいことをするべきだ」と考える人もいるかもしれない。功利主義という倫理学の考え方では，この意見も適切な理由となる（詳しくは第5章で扱う）。しかしみんなの幸福を増やさないかもしれないが，正しいことをすべきだという考えもあるかもしれない。また「正しいこと」という場合も，正しいことをしようと考えて行為したのか，行為した結果が正しかったのか，どこに注目するかによって，考え方が変わってくる。人間の行為や社会の出来事について，「なぜそうなのか？」という理由を考え，またその理由に疑問が出てきたら，さらに異なる方向から別の理由を考えることが倫理学の営みなのである。したがって倫理学あるいは倫理とは，人間の行為やものごとについて，「なぜそうであるのか」あるいは「なぜそうするべきなのか」という理由（reason）を明らかにする試みである。そのためには，言語を用いて論理的・合理的に考える能力である理性（reason）を働かせ，自分の思い込みや先入観を取り払って考えてみる必要がある。

　自らの理性に基づいて，自分からルールに従おうと決断することを，倫理学では**自律**（autonomy）と言う。それに対して，ルールや法律を他から与えられた規制と捉え，ペナルティが課されるのを回避するためにそれに従うというあり方を**他律**（heteronomy）と言う。あなたが技術者であれば，企業内のルールや社会の法律についても，単なる制約としてではなく，自律的

第1章　なぜ技術者に倫理学が必要なのか？　　19

に判断して自らの意志で従うことが重要となる。もしルールや法律が不当に制限をかけるもので間違っていると考えるのであれば，正当な手続きによってそれを変えていかなければならない。またルールや法律も，それ自身の中に，変更するための手続きについて定めた文言を含むべきである。自律的に行為することは，技術者のみならず職業人として，あるいは市民として求められる倫理的な態度でもある。

　私たちは直感的にこれが正しいとか，何となくそう思うとか，当たり前のことだからといった理由でものごとを判断しがちである。日常生活ではそれで済む場合も多い。しかし，自分の生き方や社会のあり方に関することについてもそれでよいだろうか。例えば，奴隷制度が当たり前という時代もあったし，全体主義がまかり通っていた時代もある。しかしそれが当然の前提だった時代においても，よくよくその理由を考えてみれば，現状のほうが間違っているのではないかと捉えた人々がいたからこそ，現在の私たちの考え方や社会が成立しているのである。またそれは，特別に優れた人が考えればよいということではない。自分にとって大切な事柄について，自分で納得がいく理由を考えてみることは，誰にとっても必要なことだ。

　だから倫理学において評価されるのは，どれだけきちんとした理由で，ものごとや人間の行為の本質について説明できているかどうかという点である。倫理学のすぐれた解答やレポートを書こうと考える人は，自分が述べた「理由」が明確かどうかに留意してほしい。しかし，ゼロから新しいことを考え出さなければいけないわけではない。人間は昔から，「なぜ正しいことをしなければならないのか？」といった問いを考え続けてきた（本書では第2章において，そのような問題を真剣に考えた古代ギリシアの思想家プラトンを取り上げる）。先人が彼らの時代において考えたことは，私たちの時代にも普遍的に通じる内容がある。もちろん私たちの時代だからこそ出現した新しい課題については，先人の知恵を借りつつ，私たち自身が考えていかなければならない。技術開発がもたらす功罪（功績と罪過）は，まさに私たちの時代ならではの課題だろう。

　とはいえ，私たちが皆同じ「理由」に行き着くことはないだろう。倫理学では，自分と他者が同じ考え方に至ることが目的ではないし，当然教師と同じ考えを持つことが目標でもない。しかし自分の考えを言葉で明確に表現することによって，考え方が異なる相手とも話し合うことができるようになる。

また倫理学的対話は，ディベートのように，相手の意見を論破して討論に勝つことが目標でもない。もしかしたら相手の考え方によって，自分の考え方が変わることがあるかもしれない。しかしそれは大切な経験だ。自分が他者によって変えられるという経験にこそ，多様な他者たち（人間や動物や自然など）と共に生きていくことの意味があり，また倫理学を学ぶ意味もあるのだから。

◉まとめ

　技術者は，組織あるいは専門家集団の一員として，コンプライアンスおよびプロフェッショナルの倫理に自律的に従う存在である。また工学設計は，限られた条件下において受け容れ可能な何らかの判断をしなければならないという点で，倫理的決断と共通点を持つ。

　そして技術者は，社会のニーズに応え，その技術は公衆の福利を促進するものでなければならない。工学技術には社会を対象としたプロジェクトとしての社会的実験という側面があることを踏まえつつ，社会で何が必要とされているのかを，想像力を用いつつ模索しなくてはならない。また社会のニーズが本当に適切なものであるかどうか，その専門知に照らしてよく考慮し，技術の行く末について予見責任を持たなければならない。特に現代の技術は，地球環境やグローバル世界にも大きな影響力を持つため，技術者は他国や他者に配慮する観点を持つ必要がある。

◉それでも残る問い〜発展学習〜

　私たちにとって，法的責任を問われないために行動することは，基準が明確であるため理解しやすい。しかし倫理的責任を全うすることはなかなか困難である。倫理的責任とは，何をどこまでどの程度行えばよいのか，最終的な答えはないからである。倫理綱領に示された内容も，専門職の行為のガイドラインを示したものに過ぎず，具体的な状況でどのように決断し行為するかは個々人に委ねられている。また倫理綱領は，違反した場合に法的責任が問われるものではなく，専門職に対して自律的に行為することを要請するものである。あなたは自分が専門職となった場合，自分はどこまで自律的で倫理的であることが可能だと思うだろうか？

第1章　なぜ技術者に倫理学が必要なのか？　　21

■より学びを深めたい人への読書案内

A. ウエストン『ここからはじまる倫理』野矢茂樹・高村夏輝・法野谷俊哉訳，春秋社，2004年

J. レイチェルズ『倫理学に答えはあるか——ポスト・ヒューマニズムの視点から』古牧徳生・次田憲和訳，世界思想社，2011年

野矢茂樹編著『子どもの難問　哲学者の先生，教えてください！』中央公論新社，2013年

新田孝彦・蔵田伸雄・石原孝二編『科学技術倫理を学ぶ人のために』世界思想社，2005年

黒田光太郎・戸田山和久・伊勢田哲治編著『誇り高い技術者になろう［第二版］—工学倫理ノススメ—』名古屋大学出版会，2012年

山脇直司編『科学・技術と社会倫理——その統合的思考を探る』東京大学出版会，2015年

村田純一『現代社会の倫理を考える〈13〉　技術の倫理学』丸善，2006年

R. シンジンガー／ M. W. マーティン『工学倫理入門』西原英晃監訳，丸善，2002年

C. ウィットベック『技術倫理Ⅰ』札野順・飯野弘之訳，みすず書房，2000年

第2章

私たちはなぜ正しいことを
しなければならないのか？

プラトンと正義

【学習目標】
☞「正しさ」のように，数値で計ることができない倫理学的概念について，先人の思考を追いながら，自分でよく考える訓練を行う。

【キーワード】
☞ピュシスとノモス　ギュゲスの指輪　イデア原因説

🐱ギリシャ哲学の思想家の話には，犬がよく出てくるんだ。ソクラテスは裁判でも「犬に誓って」弁明しているしね。

🐱それは，まじめに裁判を受けていないんじゃないか？

🐱いや，大まじめさ。そういう言い方があったんだよ。ソクラテスの孫弟子にあたる哲学者ディオゲネスに至っては，犬のような生き方こそ真実だと考えて，「犬儒学派」を名乗ったのさ。

🐱それには，ディオゲネスが「犬のような」みすぼらしい生活を送っていたからだっていう説もあるんだな。

🐱周りからそう言われていただけさ。ディオゲネス自身は，犬のように社会の規範に縛られず，見栄や体裁からも自由に生きることを求めていたんだ。

🐱猫だって自由にしているさ。猫は自由かつ優雅な生き方を追求するね。

🐱ヒトはいろいろ考えた結果，一周めぐって動物の生き方がよくなっちゃったのかもね。

23

😺でもヒトは考えないと，真実に辿り着けないし納得もしないんだろうな。

1 「正しさ」についての問い

さて，犬のヴェリタス君と猫のルクス君が話していたように，人間はどのような生き方をしたいのか，何が真実なのか，無意識に選び取れるわけではなく，考えなければそれなりの答えに辿り着けないのだろう。自分はあまり考えていないかもしれないという人も，社会の規範や慣習を取り入れたり，自分の直観や感覚から何らかの信念を得たりして，自分なりの基準を作っているのではないだろうか。技術者倫理を学んでいくにあたって，何が「善い」ことなのか，あるいは何が「正しい」ことなのか，自分で根本的に考える訓練から始めていきたい。というのも，技術者の倫理綱領に書かれていることは正しい，と何となく思っているだけでは，人間は「完全には規定に従えないから仕方がない」と，正しさの基準を変えていってしまうことが多々あるからだ。

それでは，自分の行為の基準についてそれがどこまで「正しい」のか，あるいは「正しくない」のか，客観的に判断することは可能だろうか？ 科学的に正しい数値を計量したり計測したりすることは，一定の方法を用いれば誰でも同一の数値を得ることが可能だ。しかし「正しさ」とは何か？と考えたとき，皆さんは何を頭に思い浮かべるだろうか？ 皆が異なるものを挙げたとしたら，私たちはどのように正しさについて判断したり，行為したりすることができるのだろうか？ 古代ギリシャの哲学者ソクラテスも次のように問うている。

　正しい事と不正な事というのはいったい何だろうか。たとえば誰かが我々にこんな質問をしたとしよう。より大とより小を判定するのが，物差しと測定術と測定者であるのならば，その「より大」とか「より小」とかいうものは何であるのかと。そしたら我々はその人にこう答えるだろう，すなわち「より大」とは他方を凌駕するもの，「より小」とはそれに凌駕されているものだと。また，重いとか軽いとかを判定するのが，

はかりと計測術と計量者であるのなら，その「重い」とか「軽い」とかいうものは何であるかと質問したとしよう。そしたら我々は彼に向かってこう言うだろう。天秤にのせた時，下に傾いた方が重く，上がった方が軽いのだと。実際そんなふうにして，またこうも我々に質問してきたら，つまり正しいとか不正だとか判定してくれるものが，言論と裁判術と裁判官であるのなら，いったいその「正しさ」とか「不正」とかは何であるかと。──そしたら我々は彼に何と答えればよいのだろうか。[*1]

たとえ正しさについて何らかの基準に基づいて判断ができたとしても，そもそも私たちはなぜ正しいことをしなければならないと考えるのだろうか？私たちが，正しいことをするべきだと考えるとき，その理由は何だろうか。正しいことをすれば気分がいいからと考える人がいるかもしれない。長期的な観点から考えて，正しいことをすれば最終的に自分が幸せになるから，と考える人もいるかもしれない。逆に正しくないことをしないのは，自分が罰せられるのが嫌だからという人もいるだろう。様々な理由があるが，これらに共通しているのは，自分の幸福を目的として，正しいことをしようとしている点だ。もちろん，正しいことをするのは相手のことを思ってのことだと考える人もいるだろう。しかし，他人にとって正しい行動をしたが，結果的に自分が不幸になるような場合，あなたは本当に正しい行動を取ることができるだろうか？「正しい行動をする不幸な人」になってもかまわないとあなたが考えるとしたら，あなたはなぜ，何のためにそのように考えるのだろうか？

2　人間が生きるのは何のため？

　私たちは人生の中で，一度くらいは「なんで自分は生きているのだろう？」と考えるかもしれない。多くの人は一瞬そんなことを考えたとしても，とりあえず食事，とりあえず睡眠，とりあえず仕事と日常生活を過ごしている。それはとても健全なことだ。そうでなければこの社会は回っていかない。ところが，ポリス（都市国家を意味するギリシャ語で，アテナイやスパル

＊1　プラトン「正しさについて」，向坂寛・尼ヶ崎徳一・副島民雄・西村純一郎訳『プラトン全集（15）定義集・正しさについて・徳について他』岩波書店，1975年。

ソクラテス　　　　プラトン

タなどが代表的なポリスである）に住む古代ギリシャ人の中には、日がな一日、また生涯をかけて「人間は何のために生きているのだろう？」という問いについて考え続けた人たちがいる。その一人がソクラテスだ。先述の引用部分で、正しさについてどのような基準で判定したらよいのか、問いかけていた人物である。

　「自分は何のために生きているのだろう？」という問いに対して、皆さんの中には、人間（自分）は幸福になるために生きているとか、人間（自分）は自己実現のために生きている、といった答えを考えた人もいたかもしれない。しかしソクラテス（実際に書き残したのは弟子のプラトンだが）は、アテナイの政治家カリクレスと次のような議論をしている。

>　ソクラテス「人が疥癬(かいせん)にかかって、どうにもかきたくなって、心ゆくまでかくことができるので、かき続けながら生を過ごすとすれば、その人は幸福に生きることができるのだろうか。」
>　カリクレス「何とも風変わりなことを言う人ですね、ソクラテス、まったくの大衆演説家といったところですね。……かいている人も快く生きているということになるでしょう。」
>　ソクラテス「それでは、快く生きているとすれば、幸福に生きているのではないだろうか。」
>　カリクレス「たしかに。」[*2]

　そしてソクラテスは、快楽と善とは同じものではないこと、人間は快楽を目指して生きているのではなく善を追求しているのだという自説を述べ、カリクレスを説得しようと試みていく。そこでは"疥癬（皮膚がかさぶたのよ

＊2　プラトン『ゴルギアス』加来彰俊訳、岩波文庫、1967年。

うになる病気）を思う存分かき続ける快楽"という奇妙なたとえが事例となっている。私たちは誰しも疥癬をかくような楽しみ，例えばどうでもいいものを収集するとか，やめられない癖とかを何らか持っているのではないだろうか。ソクラテスは，人間がかゆいところを心ゆくまでかくだけで満足している存在であっていいのか，いやよくはないとカリクレスに説く。ソクラテスにとって，人間は単に幸福を求めて生きているのではない。とはいえ，このカリクレスという人物は徹底した現実主義者で，するどい反論を試みる。現代人である皆さんは，ソクラテスよりカリクレスの主張のほうがすんなり腑に落ちるかもしれない。それでは，カリクレスの言うところを追ってみよう。

　古代ギリシャ哲学において，人間が有する**ピュシス（自然）とノモス（規範）**との関係はいったいどうなっているのか，この問いはおおいに思想家たちを悩ませた。ピュシスとは，人間や事物が生まれながらに持っている自然本性を指し，人為的なものを超えた自然や不変の真理を意味する。他方ノモスは，社会の法や制度，慣習といった人為的に形成されたものを指している。カリクレスもまたピュシスとノモスの対立を考察していくのだが，彼によれば，ピュシスにおいては「（自らが）不正をこうむること」がよくないとみなされる。一方ノモスにおいては，「（他者に）不正を加えること」がよくないとされている。というのもカリクレスの考えでは，人間は本来，強いものが多くを獲得する弱肉強食の自然本性（ピュシス）を持つにもかかわらず，実際には人間の社会は，そのような強者を法で縛ろうとする法（ノモス）を制定し，弱者を保護しようとしているからである。社会の法は，それ自体としては単なる取り決めに過ぎず，多数者である弱いものが強いものから身を守るために採用したに過ぎない。そしてノモスは，すぐれた人や能力のある人のピュシスを脅し，自分達より多くの富を持つことがないように，多く取ることは不正で醜いものとみなしている。このようなカリクレスの主張は，後代のニーチェが唱えた，弱者が抱く「ルサンチマン（怨恨）」概念を先取りした，ラディカルなものとなっている。つまりカリクレスの説を採るならば，社会の法や制度は，多くを獲得できない弱い人々が自分たちの権益を守ろうとして作った便宜的なものであって，それ自体が正しいわけでも美しいわけでもなく，真実であるわけでもないということになる。

3　人間は正義など求めていない？

　カリクレスの言う「正しさ」についての考え方は，ソクラテスの弟子**プラトン**の『国家』の中にも登場する。正しい人は幸福であり不正な人はみじめなのだから，不正が正義より得になることはないと言うソクラテスに対し，対話者の一人トラシュマコスが，「正しいことは，強い者の利益に他ならない」と反論している。なぜなら，法律を制定するのは支配階級だからである。民主制なら民衆，僭主制なら独裁的な君主が法律を制定する。どちらにせよ，法を制定できる権力のある者は，自分たちの利益になることを支配される者たちに「正しい」と思い込ませて従わせる。よって「正義＝強者の論理」ということになる。

　トラシュマコスに続き，プラトンの兄であるグラウコンがこう述べる。誰も見ておらず，全く悪事がばれる心配がないとしたら，はたして人間は決して悪いことをしないという確信を持てるだろうか。悪いことをするチャンスがあり，見つかっても損をしないとしたらどうだろうか。そしてグラウコンは，有名な「**ギュゲスの指輪**」という思考実験を持ち出してくる。ギュゲスという名の羊飼いが，ある指輪を手に入れた。何とその指輪には，指につけたらその人の姿が見えなくなるという不思議な力がある。だから指輪をはめていれば，何をしてもばれない。そのような状況だったら，人は正しいか正しくないかなどと考えず，したい放題のことをするだろう。であるならば，人間にとって本能のままに行動することこそが幸福なのではないだろうか。

　さらに，「極端に正しい人」か「極端に不正な人」の二者択一だったら，人はどちらが望ましいと思うだろうか，とグラウコンは続ける。「極端に正しい人」は，他人からは正しくないと思われていても自分が信じる正義を貫く人で，そのために周りから糾弾されてしまう人だ。「極端に不正な人」は，本当は悪いことをしているが，悪賢いために人からは正しいと思われている人である。さて両者のどちらが幸福なのだろうか？　グラウコンによれば，「極端に不正な人」が幸福である。つまり実際には不正であっても，人目を欺いて「あの人は正しい」という評判を得れば，思いのまま振る舞うことが

＊3　プラトン『国家（上）』藤沢令夫訳，岩波文庫，1979年。

でき，周りからも承認される。グラウコンは，それが人間にとって最も幸福なのではないかとソクラテスに問いかける。

　グラウコンの兄，アデイマントスも次のように主張して弟を援護する。正義こそ最善であると認識している人であっても，生まれつき不正を忌み嫌うような性質を神から授かっているか，あるいは知識を得て不正から身を遠ざける人の場合は例外として，「一般には，自らすすんで正しい人間であろうとする者など一人もいない」。皆ただ勇気がなかったり年を取っていたり，その他何らかの弱さを持っていたりするために，「不正行為を非難するけれども，それは不正をはたらくだけの力が自分にないからなのだ」と。

4　「正しさ」の基準

　さて皆さんは，カリクレスやグラウコンらの言う「人間は正しさなど求めていない」という主張についてどう感じただろうか。彼らの言い分には説得力があり，簡単には反論できない。そこでプラトンが提示するのは，**イデア論**である。イデアとは，「見る」というギリシャ語の動詞に由来する言葉で，ここから派生した英語の idea は，考えや観念のことを意味する。プラトンにとっては，イデアこそが本来的に実在するものであり，目に見えたり触れたりできる感覚世界における個々の事物は，むしろ仮象に過ぎない。このような立場をとるイデア論は，目にしたものを真実だと考えがちな人間の習性とは全く逆の考え方なのである。ちなみにソクラテス自身はイデア論を提唱しておらず，弟子のプラトンが『国家』を中心にイデア論を展開している。ソクラテスの場合は，正しさについて知っているように思えても，突きつめてみれば誰も本当の正しさが何かを知らない（「**無知の知**」）という懐疑を中心とする哲学であった。プラトンはイデア論を提唱した点において，師であるソクラテスと袂を分かつのである。

　真に実在し永遠に変わることのないイデアが，仮の現れである事物の原因を形成しているのだというプラトンの立場は，**イデア原因説**とも呼ばれる。例えばプラトンによれば，形や足の数も多様な机がある中で，皆が共通して机だと理解できるのは，「机のイデア」があるからである。机という現象を成立させているのは，机のイデアという原因だ。イデアは，机のような人工物だけでなく，全てのものの原因となる。よって「善さ」という抽象的な概

念にも「善のイデア」が実在しているからこそ，人は善のイデアを知り，そのことによって正しい行動をすることができる。

　アレント（Hannah Arendt）というドイツ生まれのユダヤ人哲学者は，イデアによって正しさを知る仕方について，次のように表現している。

　　『国家』ではプラトンは，生成する事物の領域とは別にイデアの領域が存在しており，正義や善などのイデアをまなざすことによって，魂によって〈真理〉を認識するのです。魂は不可視で消滅することのないものです。これに対して身体は眼にみえ，消滅するもので，つねに変動するものです。哲学者はこの魂によって，不可視で消滅することがなく，変動しない〈真理〉に参与するのです。[*4]

つまりプラトンにとっては，イデアの世界こそが真実で信頼するべき基準であり，目に見えるものはきわめて不確かなものということになる。

　さてこのように見てくると，何が正しいのかを知り，正しい行動をすることができるのは高尚な哲学者だけで，自分には関係がないと感じた人もいるかもしれない。しかしプラトンは，人間が正しいことをするのは，皆が魂の健康な状態（調和がとれた状態）を望むものだからだと言う。例えば，誰にも罰せられることなく好きなことができる僭主（独裁者）は決して幸福ではなく，その魂は疑心暗鬼に満ちて不健康きわまりない。プラトンだけでなく，古代ギリシャ人は，人間は肉体が消滅してもその魂だけは永遠に不滅であるという世界観を持っていた。不健康な魂は，不健康なまま永遠不滅という世にも恐ろしいことになってしまう（『国家』の中では，不健康な魂は地下のタルタロスにおいて永遠の処罰を受けるとされている）。

　そしてプラトンによれば魂は，①欲望，②気概（誇り，矜持），③理性の三つの部分から構成される。魂にとってこの三つの調和がとれている状態が，健康だとされている。すなわち強い意志を持って，理性の快楽を楽しむことができる人は，魂の調和と健康を持っている。他方，欲望や社会的名誉だけを追求している人は，理性こそが最高の快楽であり，正義にかなった生き方こそ幸福なのだということに気づいていない。だから不正な人は，たとえ悪

───────────────────

　＊4　H. アレント／J. コーン編『責任と判断』中山元訳，ちくま学芸文庫，2016年，
　　142頁。

いことをしても人に見つかることがなく，好きなことができたとしても，魂の調和という点では幸福にはなれない。逆に周囲の人々から不幸な人と思われていても，正しい人は魂の調和がとれた状態にあって幸福だというのが，プラトンのロジックである。

◉まとめ

　それでは冒頭の問いに立ち返ってみよう。正しさを判定する基準とは，プラトンの説をとるならば永遠不変の真理である「イデア」だということになる。プラトンによれば，イデアはある行動が正しいか否かを判断する尺度になる。

　そしてもう一つの問い，「私たちは何のために正しいことをしなければならないのか？」については，プラトンによれば以下のように答えられるだろう。イデア界という真理や人間の魂の本来的なあり方というものが「実在」する以上，その本来的な根源に従って生きることによって，人間は真の幸福に至ることができる。正しいことを行うのは，魂にとっての真の幸福のためなのである。

◉それでも残る問い〜発展学習〜

　ソクラテスやプラトンは，人間は見せかけの幸福や快楽に浸るだけではなく善や真実を求める存在であると捉え，その結果として人間は真の幸福に至ると言う。すると，人間が正しいことをしようとするのは他者のためを思う動機ではなく，自分の真の幸福が動機であることになる。その場合「極端に正しい人」は，自分にとっての真の幸福をかたくなに追及する人に過ぎないことになってしまう。

　また人間は理性的であれば幸福で，快楽が得られなくとも満足する存在だとプラトンのように自信をもって言い切れるだろうか。自分自身を振り返ってみて，そうとも言い切れない人も多いだろう（プラトンのこのような考え方は，さっそく弟子のアリストテレスから批判されている）。

　さらにプラトンの考え方は，すべての物事の原因であるイデアに遡っているが，事物や人間の目的（事物は何のために存在し，人間は何のために生きるのか）は示していない。また「善のイデア」が実在するとしても，個別の

具体的な行為が正しいか正しくないか，イデアに従って判断を下すことは難しいのではないだろうか。

そして「いったいなぜ，私たちは正しく行為するのか？（Why be moral?）」という問いは，ソクラテス以来，いまだに問い続けられている。現代の哲学者シンガー（Peter Singer）は，なぜ私たちは道徳的に行為するのかについて，次のように答えている。すなわち私たちが持つ理性は，自己についての意識だけでなく「自分自身の存在の質を越えたもっと広い関心」（例えば環境や人間以外の生物，グローバルな正義など）へと私たちを駆り立てる。だから人間は正しさについて考えをめぐらさざるを得ないのだ。[*5]

プラトンの「イデア界」や「魂のあり方」という考え方は，人間がなぜ正しさを求めるのかについての一つの説明としてすぐれている。しかし正義や幸福といったテーマは，唯一の答えがあるわけではなく，倫理学や哲学の永遠の課題である。またこれらの課題は，本書が目指す，技術を通して人間や社会のあり方について考える倫理においても，一貫して追求していく問いとなる。

■より学びを深めたい人への読書案内
プラトン『ソークラテースの弁明・クリトーン・パイドーン』田中美知太郎訳，
　　新潮社，1968年
プラトン『国家（上）（下）』藤沢令夫訳，岩波文庫，1979年
H. アレント／ J. コーン編『責任と判断』中山元訳，ちくま学芸文庫，2016年
永井均『倫理とは何か——猫のアインジヒトの挑戦』ちくま学芸文庫，2011年
野矢茂樹『哲学な日々 考えさせない時代に抗して』講談社，2015年

＊5　P. シンガー『実践の倫理　新版』山内友三郎・塚崎智訳，昭和堂，1999年。

第3章

人間は何を目指して生きるのか？

アリストテレスと幸福

【学習目標】
☞事物の「善」について，その目標（テロス）から考える目的論を理解し，また人間にとってのテロスとは何かを考える。

【キーワード】
☞ゾーン・ポリティコン　テロス（目的）　アレテー（美徳）

🐰 毎日，何のために生きているんだろう。寝てばかりだし。

🐱 俺たち猫は「寝る子」から，「ねこ」と呼ばれるようになったらしい。一日20時間は寝てるからな。

🐰 じゃあ，ルクス君は寝るために生きてるのかい？

🐱 猫らしくあるためさ。

🐰 「猫らしい」ってのは，「よく寝る猫」のことなのかい？

🐱 「よい猫」っていうのは，俺にとってよければそれでいいんだよ。人間は「よい人」だ「よい車」だっていろいろ言うけど，猫にとって「よい人」は「思い通りに動いてくれる人」だし，「よい車」は，「安全に暖かく寝られる車」だしね。最近はエンジンルームで寝てる猫たちを起こす「＃猫バンバンプロジェクト」っていう活動もあるみたいで，よかったよ。

🐰 じゃあ，「犬らしい」犬になるためには，どうしたらいいんだろう？

🐱 最近，ヒトみたいだな。「何も考えない」のが一番「犬らしい」よ。

それでこそりっぱな犬だ。ヴェリタス君そのものさ。

🐰……じゃあ，やっぱり，また寝てくる。

1　皆，何を目指して生きている？

　プラトンから見たら，「よい犬」とは「犬のイデア」であるということになるだろう。しかし猫のルクス君にとっては「よい猫」であることも，おそらく「猫のイデア」もどうでもいいようだ。そしてルクス君から見れば，「よい人」は，プラトンが考えたような「正しい人」ではなく，自分の目的に適した人のほうが，評価が高いことになる。実はこのルクス君と同じような考え方をして，プラトンを批判したのが弟子の**アリストテレス**である。

　第2章で扱ったプラトンのイデア論では，「善のイデアが実在する」と言われても，個別の問題や具体的な状況で，どのような行為を善と判断すべきか分からないという点が疑問として残った。アリストテレスはこのような疑問に答えようと，師の考えを乗り越えていったのである。アリストテレスは，17歳から37歳までの20年間，プラトンが創設した「アカデメイア」という学校で学んでいたが，最終的にはプラトンのイデア論を否定する独自の考えに至った。

　アリストテレスによれば，「いかなる技術，いかなる研究も，同じくまた，いかなる実践や選択も，ことごとく何らかの善（アガトン）を希求している」とみなされる。つまり人が行うことは，何でも「善」を目指して行われるのだという。「そんな偽善的な！」と思った人もいるだろう。プラトンが考えるような「善のイデア」をいつでも追求している人なんてたしかに奇妙だ。実はプラトンが考える「善」と，アリストテレスが考える「善」とは大きく意味合いが違うということが重要なポイントである。

　イデア論では，善いものはすべて「善のイデア」という唯一の善に与るから善いと理解された。しかしアリストテレスは，どんな「善いもの」であっても共通するオールマイティな「善さ」というものは実在しないと考えた。彼によれば，あらゆるものが善を目指しているとはいえ，実はその善の性質

＊1　アリストレス『ニコマコス倫理学（上)』高田三郎訳，岩波文庫，1971年。

はそれぞれ異なっている。例えば「よい人」と「よい道具」の「善さ」は全く異なってくるだろう。ものごとの実践や技術，学問のジャンルが異なれば，目指す善も変わる。アリストテレスによれば「医療は健康を，造船は船を，統帥は勝利を，家政は富を」それぞれ目指し，善だと捉えている。したがってアリストテレスから見れば，善とは医療者にとっての健康の実現であるように，「目的（**テロス**）」を首尾よく果たすことができるものである。善い医者とは，その**テロス**をよく果たしているかどうかという点から判断されるものなのである。この点でアリストテレスは，プラトンのような理想主義者と

ラファエロ《アテナイの学堂》
プラトン（左）とアリストテレス

は異なり，現実的な実践から考える立場の思想家だと言える。このように，事物の目的から，その善さを判断する考え方のことを「**目的論**」と言う。

　さらにアリストテレスは，事物を理解するためには，それについての四つの問いに答えられなければならないと考えた。すなわち「それは何か？（What is this?）」「それは何からできているか？（What is it made from?)」「それはどのように存在するか？（How is it?)」「それは何のためにあるか？（What is it for?)」の四つである。その事物が，道具のように特定の目的のために作成された人工物であれば分かりやすい。「そのものの本質は何か？→ナイフである」「何からできているか？→金属からできている」「なぜそこにあるのか？→職人によって作られた」「何の目的のためにあるのか？→切るために使われる」という説明ができれば，その人工物を十分に理解することができる。アリストテレスはこの四つの問いを，それぞれ「**形相因**」「**質料因**」「**作用因**」「**目的因**」と呼んだ（「**四原因説**」）。そしてある事物が善いかどうかは，目的因（テロス）にかなうものでなければならない。例えばよいナイフは，稀少な金属でできていることよりも，よく切れるという目的を首尾よく達成するものでなければならないだろう。人工物についての目的論的

---

*2　同前。
*3　cf. J. レイチェルズ『現実をみつめる道徳哲学――安楽死からフェミニズムまで』古牧徳生・次田憲和訳，晃洋書房，2014年。

第3章　人間は何を目指して生きるのか？　　35

な説明は明快だ。しかし人間もまた，このような四原因によって存在しているとすれば，「人間は何のためにそこにいるのだろうか？」という難問が生じてしまう。それでもアリストテレスは，目的論から人間のテロスを説明しようと試みていく。

===== コラム =====

アリストテレスと自然学

アリストテレスは「万学の祖」と言われ，哲学や倫理学だけでなく，天文学や生物学など，自然科学に関する研究を多数残している。彼には『自然学』という著書もあり，英語では physics と呼ばれている。physics はギリシャ語で自然を意味するピュシスに由来する。『自然学』といっても，観察によって自然のメカニズムを明らかにする手法ではなく，自然の現象や事物について，それらがどのような原因と目的に従っているかを理論的に論証することが目的だった。アリストテレスによれば，すべてのものには原因と目的があり，例えば雨が降るのは，植物が生長する目的のためだと捉えられる。これは目的論的論法で，現代人が考えるような近代科学的説明，海水が蒸発して雲が水分を含み，それが地上へ循環する等の理解とは異なっている。

『自然学』は，アリストテレスの膨大な著作集の中の一冊である。彼は著作集を編纂するにあたって，『自然学』の後に『形而上学』という書物が来るように配置した。哲学の用語で「形而上学（metaphysics）」という言葉があるが，もともとは「自然学（physics）の後ろ（meta）のもの」を指している。「形而上の悩み」などの言い方を耳にしたことがある人はいないだろうか。慣用的な意味では，抽象的なテーマや答えが出そうもない難問などを考えて悩むようなことを指している。それに対して「形而下の悩み」は，

---

* 4　皆さんの中には自動車が好きで，モビリティ技術に関わりたい人もいるだろう。ところで，あなたにとって「車のテロス」とは何だろうか？　ドイツ車が好きな人なら，各社のキャッチコピーを知っているかもしれない。実はこれらは企業理念を示すだけでなく，各社にとって「車とはどのようにあるべきか」という「車のテロス」をよく表している。例えば高速安定走行を売りにする BMW 社は，「駆け抜ける喜び（"Freude am Fahren"）」。「国民車」と呼ばれるフォルクスワーゲンのキャッチコピーは，「ザ・車（"Volkswagen. Das Auto."）」。高級車で知られるメルセデス・ベンツは「最高のものか，無か（"The best or nothing"）」。ちなみにトラックで有名ないすゞの海外向けキャッチコピーは，"Trucks for life" である。

具体的で即物的なことに心を砕いているような状況を言う。両者には「形があったり目に見えたりするもの」なのか，あるいはそれを超えたものなのかという違いがある。アリストテレスは『形而上学』を論述するために，感覚による認識という手段を用いない。形而上学では，理性を用いて，目の前の現象や事物がそもそも存在しているとはどのようなことかを考察することが主題となる。言い換えるなら，形而上学は個別の存在物ではなく，個別のものがそのように存在する原因や目的を考える試みなのである。

しかしアリストテレスは，プラトンのように，個物から離れても実在するイデアのような根本原因を想定することはなかった。アリストテレスによれば，あらゆるものは個物に内在する「四原因」によって存在する。本章の本文中に掲載したラファエロ作「アテナイの学堂」では，天上に指を向けているプラトンに対し，アリストテレスは地上を指さしている。これはイデアや理想世界を追求するプラトンに対し，アリストテレスが具体的な個物を存在せしめている原理を探求した現実主義者としての姿勢を表すとされている。

2 善い人とは，どのような人だろうか？

善い医者や善い軍人のような意味での「善」は，職業人として彼らがそのテロスを体現しているかによって決まる。その一方「善い人」とは，はたしてどのような人だろうか？ 「よい人」という言葉の意味は，一義的ではなく，状況によって様々に理解される。例えば親切な人や良心的な人を意味することもあれば，都合がよい人やおひとよしな人といったネガティブな意味を表すこともあるだろう。テロスから考えるアリストテレス方式を適用するなら，善い人とは何かを考えるためには，すべての人が究極的に目指す目標（人としてのテロス）とは何か，ということを考えてみるのがよいだろう。

医者に固有な活動が健康の確立であるなら，人間にとって固有な活動とは何だろうか。まず生物としての固有の能力がある。しかしこの生物としての能力は，他の個体とは区別され，栄養の摂取や成長をすることができる能力を意味するが，それは人間だけでなく植物や微生物も共通に持っている。[*5] また「私」という自己意識を持ち，感覚を持つ（少なくとも苦痛や快楽をおぼえていると反応を示すことができる）という点では，動物と人間は共通の活動をしている。しかし**ロゴス**（**論理，合理性，言語**）をもとに社会的活動を

第3章 人間は何を目指して生きるのか？　37

したり言語活動をしたりするのは，人間だけに限られる（人間が動物の"言葉"を理解できないだけかもしれないが）。

アリストテレスによれば，人間固有の活動を十分に行えてこそ，人間はその善を発揮することができるという。人間固有の活動とは，ロゴスつまり言語や抽象的な概念などを用いて，他の人間たちと関わり合うことである。アリストテレスは，「**人間とは政治的動物（ゾーン・ポリティコン）である**」という有名な言葉を残している。つまり人間は政治的共同体をつくる生き物であり，その特性は，ミツバチなど群れをつくる他の動物よりも強いとアリストテレスは考える。すなわち人間が人間であるためには，ミツバチが生存のために群れを作る必要性よりも強く，社会生活へコミットすることが必要になる。日本でも放映されたテレビ番組『ハーバード白熱教室』で有名な哲学者のサンデル（Michael Sandel）は，アリストテレスの「政治的動物としての人間」という定義に関連して，次のように述べている。

> アリストテレスによれば，政治的共同体においてのみ，われわれは人間に特有の言語能力を駆使できる。なぜなら都市国家（＝ポリス）においてのみ，正義と不正義，善き生の本質などについて他者と討議できるからだ。[6]

このように見てくると，「善い人」とは社会によく参加し，社会において何が「善い」ものであり，また何が「正しい」ものであるかをよく吟味する人であるということができるだろう。アリストテレスにとって「善い人」というのも，一元的で同一の内容を意味するものではなく，社会の中で議論さ

＊5　生物学者によれば，「生物の定義」，つまり生物が生物以外のものと区別される点は，ミニマルには以下の三つの定義に集約されるという。①自己の細胞を持ち，細胞壁や細胞膜，免疫機構などによって他の個体や外界と区別されること。②自己複製能があること，すなわち繁殖・増殖が可能であること。③代謝によってエネルギー交換が可能であること。この「生物の定義」は，私立中学校の入試問題で，「ドラえもんが生物ではない（猫型ロボットである）理由を説明せよ」という問題で出題されたこともある。ドラえもんの場合は，どら焼きによってエネルギー交換を行い，ロボットの躯体によって外界と区別されているが，自ら「子どもドラえもん」を作製して子孫を残すことができないため「生物」ではない。

＊6　M.サンデル『これからの「正義」の話をしよう』鬼澤忍訳，早川書房，2010年，309頁。

れ定義されていくものだと理解されるのである。

3　ちょうどよいのは真ん中

　それでは，社会の中でどのような人が具体的に善いと考えられているのだろうか。アリストテレスの場合，実際の事物や人を離れた抽象的な善さは存在しない。しかし「善のイデア」のような絶対的基準を放棄してしまうと，ある行動について「善い行為だ」と判断することは意外と難しい。例えば，ある人が猛スピードで目の前を走り抜けていったとする。客観的に見てその人の行動は善いとも悪いとも言えない。どちらかといえば迷惑というくらいだろうか。しかしその人が，太宰治の小説『走れメロス』の主人公メロスだったらどうだろうか。友人の窮地を救うために，自ら罰を受けようと都に向かう友情に篤い人物だと，評価が変わるのではないだろうか。アリストテレスは，倫理的にすぐれていることを**美徳（アレテー）** と呼んでいる。アリストテレスによれば，「倫理的な徳（アレテー）は，習慣づけ（エトス）によって身に着ける」ものとされる。例えば勇敢であるという美徳を持つ人は，勇敢な一度の行為によってそう認められるわけではない。どのようなことに対しても勇敢に立ち向かうこと，つまり勇気ある行動の習慣づけや繰り返しによって，その人は勇敢な人とみなされるようになる。アリストテレスの系譜に連なる倫理学で，共同体において評価される美徳を身に着けていくことを目指し，一つ一つの行為ではなく，行為する人の人格全体のあり方に着目する立場は，現代でも**徳倫理学**（virtue ethics）と呼ばれ，サンデルや後述するマッキンタイアらが提唱している。

　さらにアリストテレスは，勇敢さという美徳（アレテー）とは，「臆病でも無鉄砲でもない，ちょうど中間の状態」であることと捉えている。つまり美徳とは，過剰でも不足でもない**中庸（メソテース）** の状態である。正確に測りようがない中庸が望ましいと聞くと，落ち着かない人もいるかもしれない。確かに多すぎるのか少なすぎるのかについて，明確に判断するのは難しい。例えば快楽のようなものであれば，過剰に追求するのも，求めなさすぎるのもよくないと容易に理解できるかもしれない。さらにマッキンタイア（Alasdair MacIntyre）という哲学者は，恨みや妬みのような悪徳には，そもそも中庸の状態があるのか，と疑問を呈している。

第3章　人間は何を目指して生きるのか？　　39

アリストテレスは，「人の不幸を喜ぶような悪徳」と，「義憤（不相応に幸福を得ている人への怒り）」との中庸が望ましいと捉える。しかしマッキンタイアは，そのような中庸は成立しないという。なぜなら，人が不運に陥っているのを見て「他人の不幸を喜ぶ人」と，不当に幸福な人を見て「腹を立てる義憤の人」とは，どのような相手を見ているかが全く異なっているため，単純に比較できないからである。たしかに中庸は美徳についての説明にはなるが，悪徳について，単に不足しているか過剰である状態と定義するには，この世には多種多様な悪徳がありすぎて，説明しきれないだろう。とはいえアリストテレスにならえば，私たちは社会生活の中で，どのような行動がふさわしいのかを身をもって習得していくことは確かである。それではいったい，私たちが美徳について習うのは何のためなのだろうか。私たちは何を目指しているのだろうか？[7]

4　人間は幸福を目指すのか？　正義を目指すのか？

プラトンは，人間としての快楽を失っても正義を貫く「極端に正しい人」は，他人からどう思われようが幸福なのだと論じていた。しかしアリストテレスは，そのような究極の選択を回避し，人は善でもあり幸福でもありうるという折衷案を取ろうと試みている。前述したマッキンタイアによれば，アリストテレスの立場は「極端に不正な人」については，「悪事を働くことも，（良心の呵責で）拷問の苦しみをなめることもどちらもないほうがよい」し，「極端に正しい人」についても，「不幸な目にあったり，不運に陥ったりする人を幸福な人と呼ぶものは誰もいない」という見解だということになる。[8]これもまたごくまっとうでバランスのとれた考え方である。それではアリストテレスにとって，なぜ幸福と善は両立するのだろうか。

まずアリストテレスが考える幸福とはどのような意味だろうか。ある人は幸福とは快楽だと言うかもしれないし，他の人は幸福とは金持ちになることだ，あるいは幸福とは成功者になって名誉を得ることだと言うかもしれない。

＊7　おそらく，それは現代人が気にしがちな「社会から排除されないように」といった目的ではないだろう。

＊8　A. マッキンタイア『西洋倫理思想史（上）』菅豊彦ほか訳，九州大学出版会，1985年，117頁。

あなたにとって，何が幸福なのか，少し考えてみてほしい。おそらく幸福の定義は人によって様々なのではないだろうか。[*9]

アリストテレスによる幸福の定義は以下のようである。幸福とは，何か他のものが目的で望ましいのではなく，それ自体が望ましい究極の目的である。例えば「金持ちになりたい」のは，富それ自体が幸福なのではなく，富はその人が幸福になる手段に過ぎない。つまり人は幸福という目的のために富がほしいのであって，富がほしいがために幸福になりたいのではない。アリストテレスは，このように手段やプロセスとして必要になるものではなく，最終的に目指されているものこそが**幸福**（エウダイモニア）だと考える。

アリストテレスの目的論においては，すべての人や事物は善を目指していると理解されるが，その善の中でも最も善いものは**最高善**と捉えられている。つまりアリストテレスにとっては，人間が目標とすべき最高善とは，幸福であるということになる。

> いかなる知識も選択も，ことごとく何らかの善を欲し求めている。……
> われわれの達成しうるあらゆる善のうち最上のものは何であるだろうか。
> ……それは幸福（エウダイモニア）に他ならない。[*10]

⦿まとめ

アリストテレスは，幸福と善さとを同一とみなすことによって，「善い人が幸福である」という状態が相矛盾することなく成立することを示している。したがってプラトンのように，「極端に正しい人」か「極端に不正な人」か，両者を比較しつつ，前者を望ましいとする結論には至らない。

---

*9　文豪トルストイは，小説『アンナ・カレーニナ』の冒頭で「幸福な家庭はみな同じように似通っているが，不幸な家庭はいずれもそれぞれの顔で不幸である」という有名なフレーズを書いている。確かに「幸福な家庭」を作る要素は，夫婦や家族の仲が良い，皆が健康である，金銭に困っていないなどの内容が共通している。他方「不幸な家庭」は，それぞれ複雑な状況や語るべき物語を抱えており，これから語るのは，「不幸（アンナの兄の不倫に始まり，アンナの自殺に終わる）」についての物語である，と作家として宣言したものだと言えよう。トルストイにとっては「幸福」よりも「不幸」の方が多様で，作家として興味をひかれるのだろう。

*10　アリストテレス『ニコマコス倫理学（上）』高田三郎訳，岩波文庫，1971年。

◉それでも残る問い～発展学習～

　アリストテレスの考える，人間が幸福を目指して生きているのだという考えは，近代以降，社会全体の幸福量の増大を目指す功利主義（第5章参照）に引き継がれることになる。またアリストテレスは，「善さ」について注目し，「正しさ」を重視していないように見えなくもないが，アリストテレスの考える「正しさ（正義）」は，「分配的正義」と呼ばれ，名誉や善いものを分配するための手続きや決めごとのことを指す（本書ではアリストテレスにおける正義の話は発展学習にとどめ，後述する現代の正義論（第7章）に重きをおくこととした）。例えば，最もよい道具を持つのにふさわしいものは，その道具のテロスを十分に発揮できる者である。アリストテレスは正しい分配方法についても，目的論に基づいて考えているのである。

　しかしアリストテレスのいう分配的正義は，決して平等ではない。分配的正義に従った場合，分配が不均衡になることは明らかで，よいものを多く得ることができる者とそうでない者とに分かれるだろう。これは本当に正しい分け方なのだろうか？

■より学びを深めたい人への読書案内

アリストテレス『ニコマコス倫理学（上）』高田三郎訳，岩波文庫，1971年

アリストテレス，『ニコマコス倫理学（下）』高田三郎訳，岩波文庫，1973年

A. マッキンタイア『西洋倫理思想史（上）』菅豊彦・甲斐博見・岩隈浩子・新島龍美訳，九州大学出版会，1985年

M. サンデル『これからの「正義」の話をしよう　今を生き延びるための哲学』鬼澤忍訳，早川書房，2010年

M. サンデル『ハーバード白熱教室講義録＋東大特別授業（上）（下）』NHK「ハーバード白熱教室」制作チーム・小林正弥・杉田晶子訳，早川書房，2010年

J. レイチェルズ『現実をみつめる道徳哲学──安楽死からフェミニズムまで』古牧徳生・次田憲和訳，晃洋書房，2014年

第4章

人間は幸福になるため，正しく行為するわけではない？

カントと道徳法則

【学習目標】
☞自律と他律の違い，および「適法性（義務にかなった行為）」と「道徳性（義務からなされた行為）」の違いを理解する。

【キーワード】
☞義務論　善意志　定言命法　自律と他律　適法性と道徳性

🐰 はたらく動物ってえらいよね。

🐱 そうかい？　俺たち猫は，ネズミ捕りなんかとっくにしなくなったのに，寝ているだけでヒトにかわいい，かわいいって言われてずーっとヒトに世話をさせてきた動物なんだぞ。えらいだろう。

🐰 はたらく犬は賢いっていうことだよ。ほら，盲導犬なんてすごいよ。命令に従うだけじゃなくて，ご主人が危険な目に会わないよう，自分で判断して従わない「不服従」もしなくてはいけないんだ。これが難しいんだって。

🐱 命令されたことに従うだけより難しいな。自分で見て，聞いて，自分で判断しないといけないからな。

🐰 僕は命令されたことも忘れちゃうけどね……。

🐱 俺は命令すらされないね。ヒトは猫に命令しようなんて思ってないから。

🐰 ルクス君って，自分で決めたことにしか従わないよね。

43

😊 自分に都合のいいことを決めて，ルールにしているだけだけどな。
🐰 君のルールは僕には当てはまらないよ。

1　幸福を目指すことは正しくない？

　冒頭のヴェリタス君とルクス君，結局ヒトではなく自分たちが決めたルールに従っているようだ。彼らのルールは，自分たちが幸福になるように決めたものだが，ヒトは面倒なことに，自分が幸福にならないようなルールでも従わなければならないと考えてしまう，あるいはそう考えられる生き物であるようだ。つまり自分が幸福にならなくとも正しいことに従うべきだと判断することや，間違った命令には服従しないと決めることは，厄介だけれど重要な「ヒトらしさ」でもある。

　第3章で登場したアリストテレスは，幸福を善さと結びつけて考え，人間にとっての最高善は幸福であると捉えた。このような考え方は，私たち現代人にとっても比較的受け入れやすい思想と言える。しかし倫理学や哲学の考え方では，唯一の正解があるわけではない。ある人間の同じ行為について考えるにあたっても，どこに注目するかによって意味合いは異なってくる。善い行為といった時も，それは何が善いと考えられるのだろうか。行為した結果がよいのか，動機がよいのか，それとも行為する人物がよいのかを考えてみなければならない。アリストテレスは，「善い人はこのように行動する」といったように，人間は一貫したアイデンティティを持っていると考えており，このような目指すべき特質を美徳と呼んだ。アリストテレスの思想をはじめ，人が身に着けていくべき美徳に基盤を置く倫理学のことを徳倫理学という。またアリストテレスは，中庸の美徳という，比べてみないと分からない善さの測り方を試みていた。

　たしかにポリスの市民たちのように暇な上，お互いのことがよく分かっている共同体に属しているのならば，どのあたりが中庸なのかと延々，討議するところから始めてもよいかもしれない。しかし近代人はアテナイの人々ほど時間はないし，共同体を構成する人員も多い。そこで，善さや正しさとは何か，皆が共通して理解できるよう，合理的な説明を試みる考え方が登場してくることになる。

2　義務論

　義務論（deontology）や**功利主義**（utilitarianism）は，人間の合理性に依拠する近代思想の代表的な考え方である。本書では，近代以降の倫理学の展開に大きな影響を与えた義務論と功利主義のうち，義務論を先に学ぶことにしたい。

　ドイツの哲学者**カント**（Immanuel Kant）が提唱した義務論とは，善さや正しさについての表現を厳密に法則化し，「○○するべきである」あるいは「○○するべきではない」といった形式で示す考え方である。もちろん義務は形式だけではなく，その内容も私たちが義務として遵守すべきものとされる。例えば「約束を守るべきである」や「嘘をついてはならない」などが，代表的な義務論的命令である。カントがアリストテレスと大きく異なるのは，善さと幸福とが結びつかないという点だ。カントによれば，「無制限で善とみなされうるものは，**善意志**だけである」。私たちの多くは，幸福は無制限に善いものだと思いがちだが，カントはそうは考えない。ここでカントが言う意志とは，人間が行為する際に持つ何らかの意図を指している。その行為する際の意図が善であることが重要だというのだ。

　カントが意志にこだわるのは，一見善いと思われる行為が必ずしも善い意志に基づいていないことがあるからだ。例えば人助けをして，結果的に本人や家族も喜び，自分も感謝され称賛されるような場合，その行為は文句なく善で幸福な結果をもたらしたように思われる。しかし人を助けるという行為が，助けた相手に恩義を着せるためや売名行為のためになされたとしたら，その行為は本当に善いと言えるだろうか。カントの義務論において，ある行為の善し悪しは，その行為の結果にかかわりなく，その人が何をするつもりであったかによって決まるのであって，行為の目的や結果から善について知ることはできない。

　＊1　ギリシャ語で「暇」のことを「スコレー」と言い，これは「スクール（学校）」の語源とされる。ポリスの市民たちは，奴隷制のもと家事労働を免れていたので，市民の義務は討議し，哲学し，戦いが起こったら戦争に行くことだったのである。現在の学校も，（建前上は）学生が労働から解放され勉学に集中する時間がある，という意味で「スコレー」なのだろう。

第 4 章　人間は幸福になるため，正しく行為するわけではない？　　45

カント

　さらにカントは「愚かな善人」と「賢い悪人」を比較し、前者のほうが望ましいと考える。「愚かな善人」とは、純粋に人を助けようとして行動するが、間違った方法を選んでしまい相手を助けることができないような人である。他方「賢い悪人」とは、善い意志からではなく、不純な意図に基づいて行為するが、適切な方法を用いて人を助けることができるような人である。行為の結果を評価するならば、「賢い悪人」のほうがよいということになるが、「愚かな善人」を望ましいとするカントは、行為の結果ではなく意志のみに注目して評価しているのである。

　しかし、「賢い悪人」のように自己利益のためではなく、私たちは、善いことをしようと思うとき、相手が喜ぶからとか、自分の気分がいいからといった理由で行為することも多々ある。また相手のことが好きだからという理由で、相手にとって善いことをしてあげたいと考える場合もあるだろう。こういった理由に基づいて行為し、結果的に皆が幸福になれば、それは善い行為であるように見えるが、カントの考え方ではこれは「道徳的に正しい」行為とはみなされない。そもそもカントにとっては、幸福が善いものであり、人間は幸福を目指して行為するべきだという考えは間違っているからだ。

　ここで「善い (good)」と「正しい (right)」という言葉が、倫理学では日常と少し異なる意味合いで使われることを確認しておこう。善さとは、人が望ましいと考えたり、それを選好したり（好んで選び取ったり）、価値があると捉えたりするものを指している。他方正しさとは、人が価値あることを実現するために踏むべき手続きのことを指しており、行為する人が何をなすべきで何をなすべきではないかを示す指標となるものである。アリストテレスの言う美徳としての善さは、前者に該当するだろう。しかしカントにとっては、善いものは善意志のみであって、正しい行為は、必ず善意志からなされたという前提がなければならない。そして相手が喜ぶからという動機は、カントにとっては善意志ではなく、また相手を結果的に幸福にすることも正しい行為とは言えないのだ。

　このようにカントが考えている善さや正しさは、私たちが一般的に了解している考え方とは異なっている。特にカントは、正しさについて、厳密に定義しようとしている。カントによれば道徳的に正しい行為とは、厳密な法則

46

として，その形式や内容が定められたものでなければならない。そうでなければ，どのような行為が本当に正しいのかがあいまいなものになってしまうからだ。

3　道徳法則の形式──定言命法

　このようにカントは，正しい行為とは何かを厳密に考えるため，道徳法則を定式化する試みを行う。ある行為が正しく，道徳法則として成立するためには，「○○するべきである」という表現形式でなければならない。その上でカントは，道徳法則とは，いついかなる場合でも無条件にそのようにすべきものでなければならないという。例えば，正直な言動をするべきだという命令について，無条件ではなく，「その言動を見聞きした相手が悲しむような内容でない限り」といった条件がついた場合，必ずしも真実を正直に言わなくてもよいということになる。「ウソも方便」ということわざがよい例かもしれない。相手を悲しませないためのウソや役に立つウソのように，幸福や有用性が「条件」となる行為は，カントにとって道徳法則にかなった行いではない。カントは幸福ではなく正しさを目指すわけだから，道徳法則は無条件（条件なし）に成立しなくてはならない。このような無条件の命令は，**定言命法**（categorical imperative）と呼ばれる。一方「○○という条件ならば，××するべきだ」という命令は，**仮言命法**（hypothetical imperative）と呼ばれる。私たちが日常会話で用いるのは，仮言命法が多い。「留年したくなければ，勉強しなさい」とか，「8時半に出勤するためには，6時半に起床しなければならない」とかいうように，条件には何らかの目的や幸福度を増やすような内容が含まれている。仮言命法は，条件が変われば命令する内容も変わってしまう。「健康でいたいならば，運動しなさい」といった命令もまた，健康でいることに価値をおかない人にとっては無条件で従うべき義務とはなりえない。だからカントにとって，道徳法則は定言命法でなければならないのだ。

　無条件で従うべき義務といわれてしまうと，カントの道徳法則は窮屈で不

＊2　カントは「倫理的な（ethisch）」という言葉をほとんど使わず，「道徳的な（moralisch）」という語を用いているのでそれに倣う。本書で「道徳的な（moral）」という言葉は，「倫理的な（ethical）」という意味と同じ内容として扱っている。

第4章　人間は幸福になるため，正しく行為するわけではない？　47

自由なものだと思う人もいるかもしれない。しかしカントにとっては，人間は定言命法に従うことができるからこそ，自由で尊厳あるものとみなされるのだ。カントによれば，私たちは五感で感じられるような本能的な欲求や，自然とそれを選び取るような**傾向性**という性質を持っている。暑い日にはアイスが食べたくなるとか，勉強を始めようとするとゲームをしたくなるとかいった欲求が傾向性にあたるものだ。私たちの日常では，傾向性を満たすことが幸福につながり，また傾向性が要求する通りに行動できれば自由だと考えがちである。しかしカントによれば，傾向性に従う人間は欲望や欲求のとりこになっているに過ぎず，自分自身の本性から自由になってはいない。本性的欲求に従い傾向性に基づいて行動する人間は，重力のような自然法則に従って落下する物体と変わりがないことになる。カントによれば傾向性に支配される状態は，**他律**（heteronomy）（他のものに自分が支配されること）と呼ばれ，自由に選択し行為しているように見えても，決して自由ではない。むしろカントにとっては，人間は合理的思考を司る**理性**によって自ら判断し，従うべきだと考えたことに自ら服従するからこそ，**自律**（autonomy）（自分自身で自分を支配すること）が可能となる。そしてカントにとって道徳的に正しい行為とは，理性に基づく自律的な振る舞いでなければならない。

　自律的な行為は，傾向性などの要素を目的としていない。例えば「健康のために節制する」という行為は，一見自律的にも思えるが実はそうではない。何のために健康になりたいかと考えていくと，健康は長生きをするため，長生きは楽しく暮らすためなどと傾向性の充足を目的としているからだ。人間は自律的でそれぞれが理性を働かせることができるからこそ，自由でありまた責任ある行為をなすことができるのである。動植物も共通して持つような傾向性から離れ，理性に従うことができるがゆえに，人間の尊厳が生じるとカントは考える。

4　道徳法則の内容——格律の普遍化

　さらに道徳法則として成立する行為は，定言命法として表現され自律的であると同時に，以下の条件が必要となる。道徳法則の内容が，誰にでも当てはまるような**普遍性**がなければならないことだ。普遍的でなければ，誰も道徳法則としてそれを尊重し守ることができない。次の事例を考えてみよう。

カントはとても生真面目で几帳面な人物として知られていた。毎日夕方同じ時刻に散歩をするので，村の人々はカントを見て時計を合わせるほどだったようである。それでは，カントは散歩を義務だと考えていたから，同じ時間に同じ距離だけ散歩をすべきだという道徳法則として捉え，自律的に従っていたのだろうか？　私たちにも義務だから傾向性に逆らって勉強する，仕事に行くといったことはよくある。しかし義務に従うことは，必ずしも道徳法則とはならない。毎日同じ時間に散歩をするというルールは，カントが自分で決めたに過ぎないもので，皆にあてはまるわけではない。勉強や仕事をすることも，多くの人にあてはまるかもしれないが，仕事がない人もいるし勉強をしたくてもできない状況の人もいるはずだ。一方，人を殺してはならないというルールは，たいていは例外なく普遍的に成立する。というのも，「自分だけは人を殺してもよい」という例外が存在しうるならば，当然，他の人にも自分だけは人を殺してもよいという例外が成立することになり，殺し合いを認める集団が成立してしまうからだ。カントはここでいうルールのことを**格律**（maxim）と呼び，

　　君の行為の格律が君の意志によって，あたかも普遍的自然法則となるかのように行為せよ。

と述べている。つまり道徳法則においては，あなたが行為する際のルールが，誰にでもあてはまるものか？（法則化可能か？）と考えて行為しなければならないということだ。自分を含めたすべての人が，たとえ役に立つウソであろうとも嘘をついてはならないというルールに従って行為するならば，そのルールは普遍的で法則化できるものとなる。

---

* 3　カントは，1724年にプロイセン帝国（現ドイツ）のケーニヒスベルク（現ロシア領カリーニングラード）に生まれ育ち，就職先もケーニヒスベルク大学であった。1804年に亡くなるまで，生涯をこの地で過ごした。
* 4　戦争の場合であれば，軍法上他者を殺害してもよいことになるが，カントは他人の生命を勝利の手段として用いるという点で，戦争をきわめて不道徳なものであるとみなし，「永遠平和」について考察する中で，国際連合など国際平和の具体化を提言している。
* 5　I. カント『道徳形而上学原論』篠田英雄訳，岩波文庫，86頁。

5 道徳法則の内容——人格の尊重

　さらにカントは，格律の普遍化と同時に，その格律が人格（person）を「単なる**手段**としてではなく**目的**として扱う」ものでなければならないと述べている。

　　君自身の人格ならびに他のすべての人の人格に例外なく存するところの人間性を，いつでもまたいかなる場合にも同時に目的として使用し，決して単なる手段として使用してはならない[*6]。

　人間（自分も含め）を，単なる手段として使用するとはどのようなことだろうか。例えば戦争に勝利するために敵を殺害することは，人間を単なる手段として使用する端的な例と言えるだろう。私たちの日常生活においても，残念ながら他者を人格として尊重する対象ではなく，単なる手段とみなしてしまうことが多々ある。例えば，なぜセクシュアル・ハラスメントをしてはいけないのだろうか。カントの道徳法則を当てはめるなら，それは相手が嫌がるからではなく，むしろ人権の問題だからである。相手の反応によってしてはいけないことが変わるならば，それは仮言命法になってしまう。そして人格を持った他者を単なる手段（性的対象）とし，物品のように扱うことが間違っているからだ。またレイシズム（人種差別）も，他者を人格的な存在として尊重するのではなく，人種という点だけで差別対象とし，時には社会不安のはけ口などの手段としてしまうがゆえに間違っていることになる。

　このようにカントは，人を殺してはならないなどの道徳法則について，定言命法として無条件に成立し，誰にでもあてはまる普遍的な格律であって，人格ある存在を単なる手段としてではなく，人格そのものの尊重を目的としなければならないと厳密に定義したのである[*7]。したがって，たとえ多くの他者が幸福になるからという理由であっても，人格を持つものを他者の幸福の手段として犠牲にしてはならないのである。

　＊6　I. カント『道徳形而上学原論』篠田英雄訳，岩波文庫，103頁。

6　適法性と道徳性

それではこのようなカントの考え方を，技術者倫理に関連して論じたらどうなるだろうか。技術者の倫理綱領では，技術者の倫理的（道徳的）な振る舞いと，法令遵守が推奨されている。しかし，「倫理的な行為」と「法に従う行為」は，単純に同一に捉えることはできない。

カントは，**適法性**（legality）と**道徳性**（morality）とを異なるレベルに分けて考え，道徳性は適法性より上位にあるものと捉えている。例えば，スピード違反をしないように制限速度を守るという行為は法にかなっているが，それだけでその行為が道徳的だとは言えない。カントの言葉に従えば，適法性とは「**義務にかなった行為**」であり，道徳性とは「**義務からなされた行為**」である。つまり道徳的に行為するとは，たまたま義務に合致しているというだけではなく，自らの理性で義務であると判断して行為する自律性が要求されるということである。したがって，ただ法に従うだけでは道徳的とは言えないということだ。

特定の時代状況で成立する法律は，誤っている場合がある。法は理性に照らして本当に正しいかどうか，常に吟味されなければならない。技術者の例で言えば，法律や省令，業界ルール等が適切なものかどうか，必要十分かつ過剰なものでないかどうかを常に吟味すること，また法令等が不適切であれば，それをごまかすのではなく，変えていくよう働きかけることが求められるのである。

法に従うことが必ずしも道徳的とは言えないことは，歴史に鑑みても明らかである。ユダヤ人の哲学者アレントは，『イエルサレムのアイヒマン』という本の中で，ナチス政権下の時代状況を「国家によって犯罪が合法化され

＊7　カントによれば，人格円満な慈善家が自然と人に親切にすることよりも，冷淡で同情心の乏しい人が，義務から親切にすることのほうに価値があると言う。「彼が親切を尽くすのは，傾向性によってではなくて，義務にもとづいている，ということである」（カント『道徳形而上学原論』篠田英雄訳，岩波文庫，35頁）。たしかに嫌いな人には敬意を払わないとか，好きな人にはえこひいきをするといった感情で動くのは道徳的に正しくない。かといって日常生活において，「あなたにひかれる傾向性はない（＝好きじゃない）けど，義務だから親切にするよ」と言ったら，その人とよい関係を保つのは難しいだろう（ちなみにカント自身は生涯独身であった）。

第4章　人間は幸福になるため，正しく行為するわけではない？　　51

ていた時代」と呼んでいる。アイヒマンとは，ナチス親衛隊（SS）に所属し，ユダヤ人の強制移動や強制収容所への移送を実行した人物だが，戦後の裁判において「自分は命令に従ったのみで責任はない」との主張を繰り返した。この裁判を傍聴したアレントは，アイヒマンが自分は「カントによる義務の定義」を実践したと主張したことについて，次のように厳しく批判している。

> カントにとっては，すべての人間は行動しはじめたときから一個の立法者なのであった。人間はその〈実践理性〉を用いることによって，法の原則となり得る原則，法の原則となるべき原則を見出すのであった。（中略）人間は法に従うだけであってはならず，単なる服従の義務を越えて自分の意志を法の背後にある原則——法がそこから生じてくる源泉——と同一化しなければならない。[8]

　アイヒマンの「カント哲学の日常の用」においては，法の背後にある原則は，総統（ヒトラー）の意志であったとアレントは指摘する。つまりアイヒマンは，カントが述べたように，法を超えた原則としての理性を働かせることなく，自ら考えることをしなかった。したがってアレントによれば，アイヒマンの罪は，彼が自身の理性を働かせて考えることを回避した点にある。
　この事例からも，カントがいうように，人間は理性によって何が正しいことなのか，法や制度，一般的な常識や慣習，社会情勢などを越えて思考することが重要であるし，またそれが可能なのである。理性を用いるからこそ，人間は状況に縛られず自由に行為することができるのである。

===== コラム =====

刑罰の思想

　哲学や倫理学は，善悪や正義・不正義とは何かという問題を考察するが，人が罪を犯した場合，どのような罰がふさわしいかといった法的な事柄も考察してきた。啓蒙思想家で法学者でもあったベッカリーアという人は，功利主義（第5章で詳しく扱う）に基づき，最大多数の最大幸福を目指すために

＊8　H. アレント『イエルサレムのアイヒマン——悪の陳腐さについての報告（新版）』大久保和郎訳，みすず書房，2017年。

は，刑罰はできるだけ最小とするのがよいと言う。刑罰は罪を犯したものを苦しめるためではなく，犯罪を抑止するという目的のためにあるのだから，当人にとっては最小かつ社会に対して効果的な罰でなければならない。例えば馬車強盗をした人は，馬車道の補修作業に従事させるなど，罪状に対して適切な処罰を与えれば，当人を過剰に苦しめることもなく，社会に対して犯罪と刑罰との結びつきを効果的に示す抑止効果も高い。功利主義の中心的な思想家ベンサムも，刑罰そのものは不幸を増すので悪となるが，それよりも大きな悪を排除することができるならば認められると述べている。

　他方，義務論に立つカントの場合，人間は犯罪に関与したという理由以外，すなわち社会の幸福のためとか抑止効果といった理由で処罰してはならない。カントによれば，軽い犯罪には軽い刑罰，重大な犯罪には重い刑罰が科されるべきで，人を殺した者には死刑が適切だということになる。カントにとって重要なのは，理性的存在者である人間はその人自身の自由で悪に加担したのだから，その責任に応じて裁かれるべきだという点だ。

　しかし実際には，犯罪を行う人の多くが，社会的に不遇な境遇であったり，当人には制御できない衝動を持っていたりといった条件下にあるため，カントがいうように，人間が悪を行わない自由を完全に有するとは限らない。また法治国家における死刑制度では，国家が市民の生命を奪う権力を行使するが，そこに疑義が生じることもある。欧州では広く死刑廃止論が支持され，人道的な理由や，死によって死を償うことはできないといった考えに基づく。さらに欧州の死刑廃止論への支持には，誤ったり暴走したりする可能性がある国家権力に，市民の生命を奪う権限を与えることにはおよそ信用がおけないと考える民主主義や個人主義が浸透しているという背景もある。

⊙まとめ

　幸福になるためなどの目的や傾向性に従う行為は他律的であって，自らが理性で判断した正しさに従う行為は自律的な行為である。自律的に行為できることは，人間が自由で尊厳を持つ人格的存在であるための要素である。だから，単に義務に従うことやただ法に従うことは，必ずしも道徳的に正しい行為とは言えない。自らの理性で，従うべきかを判断することが不可避である。

⊙それでも残る問い〜発展学習〜

　カントが理性の重要性を述べる論拠は明確だ。理性ゆえに人間は道徳的に行為し，自由で尊厳ある人格的存在となる。しかしそうなると，「理性」を持たない人は，尊厳がなく，尊重される権利も自由もないのだろうかという疑問が残る。人間の中でも「理性を持たない」存在は，乳幼児や知的な障がいのある人，認知機能の衰えた人などが想定される。また人間のような理性とは異なるあり方をしている動植物も存在する。合理的・理性的に思考しないのであれば，これらの存在は「人格」ではないのだから，単なる手段として扱ってもよいのだろうか。このようなカントの理性主義の課題については，感覚がある存在を平等に配慮しようとする功利主義や，20世紀以降の哲学における「ケイパビリティ・アプローチ」（合理的能力に限らず，その個体が持つ能力を最大限開花させるような配慮）などで再考されていくことになる。

　また，はたして人間の理性にそこまでの信頼がおけるのか，という疑問も残る。カントの場合，それまでの西洋哲学において「神」が占めていた地位に人間の理性を置き換え，神なしにどこまで哲学できるかが課題の一つであったため，理性は神の領域に等しい上位概念になっている。私たちが日常で使う「頭を冷やしてよく考える」といった程度の「理性的に考える」こととは異なる意味合いが付加された概念なのだ。それにしても，人間の理性はどこまで誤りなく，正しい判断ができるのだろうか？

■より学びを深めたい人への読書案内

I. カント『永遠平和のために／啓蒙とは何か　他3編（光文社古典新訳文庫）』中山元訳，光文社，2006年

I. カント『道徳形而上学原論』篠田英雄訳，岩波文庫，1976年

H. アレント『イエルサレムのアイヒマン──悪の陳腐さについての報告（新版）』大久保和郎訳，みすず書房，2017年

R. ブローマン／E. シヴァン『不服従を讃えて「スペシャリスト」アイヒマンと現代』高橋哲哉・堀潤之訳，産業図書，1999年

【映画】

E. シヴァン監督『スペシャリスト　自覚なき殺戮者』発売・販売元：ポニーキャニオン，1999年

第**5**章

正しさは幸福の量で決められる？

ベンサムと功利主義

【学習目標】
☞功利主義の考え方の基本とその応用可能性を理解する。
☞費用便益分析の可能性と限界について，技術的事例から理解する。

【キーワード】
☞功利主義　費用便益分析　効用　フォード・ピント事件

🐱屋外に出る猫たちも最近は減ったね。交通事故や病気になる危険性もあるし，中には猫を虐待したがるヒトもいて，危ないしね。

🐱とんでもない話だ。見つかったら法律で罰せられるけど，ヒトがヒトを虐待したり殺したりするのとは，しょせん違う扱いだからな。

🐱なぜ動物を虐待したらいけないんだと思う？

🐱かわいそうだからダメだっていう問題じゃないな。

🐱そもそも猫を虐待するヒトは，かわいそうだからダメなんて思ってないから，虐待するんだろうからね。

🐱今のところ，ヒトと同じ権利があるからダメという理由でもない。

🐱動物を虐待するヒトを放っておくと，ヒトにも危害を及ぼす可能性があるからっていう理由もよくないな。全くヒト中心の考えだよ。

🐱動物であっても感覚があるものに無用な苦痛を与えることは，社会の幸福量を減らすっていう考え方もある。なかなか画期的だろ？

🐱動物を虐待するヒトの快楽は，社会の幸福量を増やさないの？

55

😺 結局，そんな快楽を持っているヒトは，最終的に不幸な結果となって，社会の幸福量は増えないって考えるのさ。とことん結果に注目するのがこの考え方の特徴だ。動物の権利とはちょっとちがう。

1 近代人と功利主義

　犬のヴェリタス君と猫のルクス君が熱く論じていたのは，功利主義（utilitarianism）という考え方である。彼らが言う「人間も動物も，感覚のあるものに無用な苦痛を与えるべきではない」とか，「社会の幸福量を増やす」ことを目指し「とことん結果に注目する」とかいった功利主義の考え方について，本章では学習していきたい。

　18世紀後半から19世紀にかけて，欧米各国での市民革命を契機とした自由経済の進展や，英国を中心に発展した産業革命のような歴史を大きく変えた出来事が続いた。社会が変われば新たな考え方も生まれるし，新たな考え方はより社会の変化を加速していく。英国の**ベンサム**（Jeremy Bentham）は，功利主義という考え方を提唱したが，この考え方は倫理学の一理論ではあるものの，私たちの日常の行為基準にも当てはまり，また政治経済における決定方法として展開可能な内容を有している。そして人間は幸福を目的としているという人間観は，すでに取り上げたアリストテレスを継承する考え方である。

　アリストテレスの時代，ポリスの市民たちは，正しさや善さについて討議し政治のあり方を決定していくことこそ，彼らの権利であり責任であると考えていた。市民全員が政治家であり主権者である直接民主制の形だ。しかしこのような政治形態は，近代以降の社会では難しくなってくる。人口が増加して社会の規模が拡大し，人々の目的や価値についての考え方も多岐にわたるようになってくるからだ。功利主義はそのような近代社会に適合した考え方でもある。

　ベンサムによれば，人間は苦痛と快楽という二つの支配原理の下に生きている存在である[*1]。だから人間にとって正しい行為とは，苦痛を減らし，快楽

――――――――――――――――――――――――――――――――――――
＊1　J. ベンサム「道徳および立法の諸原理序説」山下重一訳『世界の名著38　ベンサム，J. S. ミル』中央公論社，1967年。

を増やすように振る舞うことだ。これとは逆に，苦痛を増やし快楽を減らすような行為は間違っている。さらに正しく行為するとは，快楽（幸福）の量の総和が最大になるように行為することである。このような判断基準は，**効用（功利）の原理**（principle of utility）と呼ばれる。功利主義は，他を押しのけてでも自分だけの幸福量が最大になればよいという利己主義とは異なり，社会を構成するメンバーの可能な限りの多数者が幸福であるような「**最大多数の最大幸福**」を実現す

ベンサム

ることを目指している。そして多くの人々の幸福量を増やす効果が高い行為や事物は「**効用（utility）**」が高いという意味で正しいのである。

　ベンサムの考えでは，苦痛を減らし快楽を増やそうとする人間が究極的に求めるものは幸福である。人間は幸福を目指して生きているのだから，幸福の代償やコストといった苦痛をできるだけ低くしつつ，社会全体の幸福を効果的に実現させることが望ましいのである。

　功利主義は，ある行動から得られた結果に注目して，その行為の結果，幸福量が増えるかどうかを判断する考え方をとっており，行為した人がいかに善意に基づいて行為しようが，結果が伴わなければ，その行為は正しくも善くもない。このような考え方は，**帰結主義**と呼ばれ，功利主義はその代表的な思想である。帰結主義をとるならば，自分だけに利益誘導しようという行為が，周囲の人の幸福量を減らさないならば，動機を問わず結果のみが評価されるため，その行為は正しいということになる。

　またベンサムの人間観，人はみな苦痛を避けて快楽を増やそうとする存在なのだという考え方は，社会的地位があろうがなかろうが人は平等に配慮されるべきであり，また苦痛を感じるという点では，人だけではなく感覚がある動物も同様であって，社会の一員として平等に顧慮されなければならないという平等主義に立っている。

　このような特徴を持つ功利主義は，直接民主制の古代ポリスや，社会的ヒエラルキーに基づく中世の世界観とは異なった近代社会において，多様な人々が合理的な決定を導き出すことができる有効な考え方となった。政治哲学者キムリッカ（Will Kymlicka）によれば，功利主義の魅力の一つは，多様な価値を持つ人々の間でも「幸福になる」という目標を共有することがで

きるため，合意が難しい問題であっても，最大公約数の答えを出すことができるという点である。またキムリッカは，なぜある行動（例えば飲酒すること）が正しくないのかということを考える際，飲酒それ自体ではなく，飲酒がもたらすよくない結果（健康被害や浪費，暴力やハラスメント）が想定できるならば，その帰結を避けるという帰結主義に立つことが，無用な戒律主義や道徳主義からの解放につながるとして，そこにも功利主義の魅力を見出している。例えばベンサムの時代においては，同性愛は道徳的に間違っているといった風潮も強かった。しかし功利主義に立って，それがなぜ正しくないのかと考えた際，同性愛が非道徳的だとは論証できない。功利主義においては，ある行為によって誰かが不幸や不正を被るという帰結をきちんと説明できないのならば，その行為が非道徳的だと判断することもできないからである。[*2]

2　功利主義における「平等な配慮」という特徴

このように功利主義は近代において，因習や根拠のない基準から人々を解放する新たな考え方となっていった。ベンサムが主張したように，功利主義は誰の幸福量でも「一人分」として計算するため，平等に配慮される。先述のように，人間でない動物であっても，快苦を覚える存在であることは人間同様なのだから，動物の快苦も一人分としてカウントされなければならない。ベンサムは次のように述べている。

　　重要なのは，彼ら（動物）が（人間のように）推論できるかどうかとか，話すことができるかどうかということではなく，苦しむことができるかという問題である。[*3]

このベンサムの言葉を真剣に受け取るならば，功利主義においては，人間以外の動物にも平等な配慮が必要だという結論に至る。

＊2　W. キムリッカ『新版　現代政治理論』千葉眞・岡崎晴輝他訳，日本経済評論社，2005年，17頁。

＊3　J. ベンサム「道徳および立法の諸原理序説」山下重一訳『世界の名著38　ベンサム，J. S. ミル』中央公論社，1967年。

実際に20世紀になってから，功利主義を動物に対する配慮（動物倫理）として展開したシンガーという哲学者がいる。シンガーは，動物だからという理由だけで彼らを平等な配慮の対象から外すとすれば，それは人間同様に快苦を覚える存在を，種が異なるという理由だけで排除する**種差別**（speciesism）をしていることに他ならないと主張する。シンガーは，動物に無用な苦痛を強いるが人間の快楽をさほど増やさないような工場畜産や動物実験の廃止や改善を唱え，**動物福祉**（animal welfare）の理論上の担い手ともなった。

　またシンガーの立場は，**選好功利主義**（preference utilitarianism）と呼ばれ，ベンサムのように快苦の原理だけでなく，何かが望ましいという「選好」を持つ存在が，それぞれの望みを充足させることによって，社会全体の幸福量が増大すると捉えるものである。例えば一見，人間の社会とは独立に成立しているように見える野生動物であっても，彼らが持つ生存したいという選好もまた，平等な配慮の対象となる（本書第13章参照）。さらにシンガーは，遠い国の見知らぬ人々も，私たちが身近な人々を配慮するのと同様，平等な配慮の対象となるべきだというグローバルな援助義務も主張している。特に先進国の人々は，わずかな寄付や節約によって発展途上国に住む多くの人々の幸福量を増やすことができるのだから，効用は非常に高い。シンガーの主張は過剰なように思われるかもしれないが，平等な配慮を徹底するならば理にかなっている。たしかに生態系において人間は動植物にも影響を与えているし，また政治的・経済的にもグローバルに関わり合う世界において，遠く離れた人に対する配慮や責任など皆無だと言い切ることは難しいだろう。

3　社会政策における功利主義の可能性と限界

　このように功利主義は，社会全体の幸福量を計算する場合でも，どこまでを「社会全体」とみなすかによって展開が変わってくる。とはいえ功利主義は，人間の幸福に価値を置き，皆が幸福を目指しているという基本に立ちつつその量を足し合わせた幸福量を最大にしようとする試みであるため，実際の社会政策において有効な手段ともされてきた。効用の原理に基づく行動は，そう振る舞うべきだ，という個人の行為だけでなく，立法や政治においても基準となる。特に政策においては，必要となるコスト（費用，負担）に対して，それに見合ったベネフィット（便益，利益）が得られることを合理的に

第5章　正しさは幸福の量で決められる？　　59

計算して実施する必要がある（**費用便益分析**）。日常生活で，どのような行動や品物が，自分にとって最小限の出費で最大の幸福が得られるコストパフォーマンスがよいかを考えることにも，この計算が働いている。まして税金のような限られた原資が元手であれば，為政者には，社会の多数の人々に便益を還元できる功利性を実現し社会に説明する責任が伴うだろう。

　例えば公衆衛生の問題の多くは，功利主義に基づいて立案されている。あるワクチンを接種しなければ感染症が社会全体に蔓延してしまうことが想定されるならば，ワクチンによって重症の副反応を起こす人が少数いたとしても，社会全体の利益（公益）のために全員にワクチン接種を義務づけることは理にかなっているだろう。また災害等で傷病者が多数発生するような事案が起きた場合は，限られた医療資源を最大限に活用して確実な救命を行うための「トリアージ（選別）」が行われることも知られている。これらは，効用の原理に基づいて実践的な基準が策定されるが，おそらくこのような選別に異を唱える人は少ないだろう。限られた資源や時間を有効に使うことができるからである。

　しかし功利主義の課題として，最大多数の最大幸福として計算される幸福量の総和では，多数者の利益に比して，少数者の利益が相対的に少なければ容認されず，場合によっては個人の権利が侵害される可能性があるという点がよく指摘される。ワクチン接種の場合も，重症の副反応を起こす可能性がゼロではない。

　また次のような状況を想定してみよう。あなたは敵国の支配体制の下にある町の代表者である。実は町には，レジスタンス運動を続けるある一人の活動家がいる。もしその活動家を追う占領国軍から，「活動家の身柄を引き渡さなければ，町の人10人を殺害する」と迫られたとしてみよう。あなたは10人を犠牲にしても１人を助けようと考えるだろうか。効用の原理に基づいて，多くの人の幸福量を増大させることを目指すならば，１人を犠牲にするほうが正しい判断ということになる。

4　工学的判断と功利主義——フォード社「ピント」事件

　私たちの日常生活は，大方の場合，多数者の幸福量を増大するように設計された社会制度の中で成立している。また人工物の設計・製造に関わる工学

においても，誰を主な使用者として想定するか，社会をどのようなものとして想定するかによって判断が変わってくる。例えば公共空間の設計は，近年では超高齢化社会や社会的多様性といった観点から，高齢者や障がいのある人も使用することをあらかじめ想定する必要に迫られている（このような技術と政治の問題については，本書第9章で詳述する）。

　また人工物の設計では，限られた資源（開発コストや人員）と時間（工程や納期）を最大限に活用し，効用の高い製品を作り出さなければならない。そのため工学における意思決定は常に，費用便益計算に基づいているといえる。いくらでもコストと時間をかけることができるならば，製品の完成度や安全性は増大するかもしれないが，一方で決められた納期までに製品を完成し，一定期間に開発費用を回収することができなくなる。そもそも安全性を100％にすることは不可能だ。よって，工学によって生み出される人工物はすべて，コストや時間といった制限の枠内で，決して完璧ではない安全性や持続性，経済性のバランスを計算しつつ，ある時点で割り切って開発を完了（＝製品として市場に投入）する**工学的判断**を行わなければならないのである。

　ではどのようにすれば，工学的判断を正しく実践することができるのだろうか。功利主義的計算は有用だが，何を重要なファクターとして計算に含めるかによって，はじき出される結果は変わってくる。費用便益分析の誤った事例として，米国の自動車メーカーであるフォードのケースを見てみたい。

　1960年代後半，米国フォード社は，日本やドイツのメーカーに対抗するため，コンパクトカー「ピント」の開発を急いでいた。しかしピントの安全性テストの結果，後部車軸とバンパーの間にガソリンタンクを設置した構造であったため，後ろからの衝撃でタンクとディファレンシャルハウジング（差動歯車枠）のボルトがぶつかり，ガソリンタンクに穴が開くことが判明した。しかしフォード社は短期間での開発とコストダウンを重視し，ピントを上市した。そしてピントの市場投入から7年の間に50件の炎上事故が発生し，民事訴訟となった。さらに1978年，3人の少女が炎上事故によって焼死した事件により，フォード社は設計責任を問われ刑事告発された。

　刑事訴訟において明らかとなったのは，フォード社は，ピントが後方からの衝撃に弱いことを上市以前から承知していたという事実だった。フォードの技術者はこの問題を改善するため，ガソリンタンクにゴム製の保護シート

をつけることを提案した。しかしフォードの経営陣は，すでに1000万台以上を売り上げていたピントを，すべてリコール回収した場合の費用に対して得られる便益が少ないと判断し，リコール回収はなされなかった。後日，当時のフォード社が行っていた「費用便益計算」が公開された。フォード社によれば，安全性を改善するためのリコール代すなわち「費用」は，一台当たり約11ドル×1250万台とすると，1億3700万ドル（1ドル＝110円で換算すると約151億円）となる。一方で炎上事故を防げば，死亡者の葬儀代と逸失利益，負傷者の治療費，裁判費用などをフォード社が負担しなくて済むため，それが「便益」となる。しかし事故を防いで得られる便益は，4950万ドル（同，約54億円）に過ぎないと見積もられ，それならば高いリコール費用を負担するより，被害者の葬儀代や治療費を払い続けたほうが，利益が高いという結論に至ったのである。

　おそらくフォード社の費用便益分析が正しくないと感じた人は多いだろう。それではいったい何が間違っていたのだろうか。あるいは何が不十分だったのだろうか。

　功利主義の立場からも，単純に目先の費用便益分析に適っていれば，それが正しい行為であると判断するやり方は適切ではないとの提言がなされている。ある行為の帰結がよければその行為は正しいというのが功利主義の基本だが，長期的な視点を導入して，ある行為がどこまで帰結に影響するのかをよく考慮すべきだという主張である。

　またベンサムが提唱した当初の古典的功利主義は，「行為功利主義」と呼ばれ，批判者たちや後の功利主義論者たちから問題点も指摘されている。行為功利主義では，ある行為が社会の幸福を増大させるかどうかをそのつど功利計算して正しさを判断することになるが，こういった判断においては，多数者が幸福になるのだから少数の人を差別してもよいといった「正しくなさそうな」功利計算も容認される場合がある。この点をどう考えたらよいのか，功利主義においても模索されてきた。そこで提唱されたのが「規則功利主義」と呼ばれるもので，「人を差別することはよくない」などの直観的規則も，結局は「差別が横行しない社会のほうが，幸福量が多い」という功利主義的判断から望ましいと考える立場である。ただし人を差別しないという規則が，あまりにも多くの人の幸福を犠牲にするもので，功利主義的計算に合わなければ，その規則よりも功利主義が採用されるという点で，ここでの規

則は絶対原則ではない。

　ピント事件の場合であれば，費用便益計算において「人命を金銭に還元することはよくない」という直観的規則が考慮されておらず，社会的なルールにも合致しないという点で，行為功利主義の問題点と，功利主義的計算の不徹底が明らかになった事例だと言えるだろう。

5　そもそも，幸福とは何だろうか？

　最後に，功利主義で追求されてきた幸福というものについて少し考えてみよう。功利主義では，原則的に幸福の最大化が目標とされ，それを実現する行為は正しいとみなされる。しかし社会全体の幸福とは個人の幸福の総和なのだから，社会全体の幸福量を決めるのは，何が私にとって幸福なのかというきわめて個人的な事柄が多く含まれていることになる。ここで目指されている幸福とは何なのか，皆さんは具体例を挙げることができるだろうか。まず「幸福とは何のことか」と考える一番目の方法としては，「自分が幸福だと思うことは，幸福だ」と捉える見方がある。これは「～ができる」とか「～を持っている」というように客観的な幸福の指標とは異なり，個々人の主観的な価値としての幸福だ。

　主観的な幸福の一例としては，「幸福とは苦痛を減らし快楽を増やすことである」という古典的な功利主義がある。ベンサムは，「快楽量が同じならば，プッシュピンも詩も同様によい[4]」という言葉で，快楽の強度によって快楽量を判定した。ただ「自分が経験する快楽だけが幸福だ」と捉える「快楽説」に反論を唱える人もいる。

　ノージック（Robert Nozick）という哲学者は，どんな経験でも望み通り与えてくれるような「経験機械[5]」を想定した思考実験によって，幸福＝快楽説を疑問視している。経験機械を使うにあたって，人は，人生の多彩多様な望ましい経験を，10年分などあらかじめプログラムしておく。経験機械をつ

＊4　J. ベンサム「道徳および立法の諸原理序説」山下重一訳『世界の名著38　ベンサム，J. S. ミル』中央公論社，1967年。「プッシュピン」とは，日本のおはじきのような子どもの遊びのことである。

＊5　R. ノージック『アナーキー・国家・ユートピア』嶋津格訳，木鐸社，2002年，67−68頁。

第5章　正しさは幸福の量で決められる？　　63

けた人は，脳に電極を取り付け，タンクの中に漂いつつ，望み通りの経験を得られるというものだ。皆さんだったら，この機械を使って幸福になれるだろうか。経験機械を使うのは嫌だと思う人は，快楽の経験だけではなく，自分が望んだことをなし遂げたり，たとえ失敗しても自分で挑戦したりすることが大切だと考えているからではないだろうか。

他にもシンガーなど現代の功利主義では，快楽説ではなく「選好充足説」[*6]で幸福を捉えようと試みている。選好する（prefer）とは，コーヒーと紅茶だったらコーヒーがいい，といったように，何かを望ましいものとして選び取ることをいう。望んだ飲み物が手に入るのも幸福の一つだが，その人が最も選び取りたいと思うものが得られなかったり，一番大切な望みがかなわなかったりしたならば，それは幸福とはいいがたい。

例えば，画期的な実験を試みている研究者が，その実験が成功したという結果を知らずに亡くなった時，研究成果は達成されるが本人の満足は得られない。逆に計測間違いで「実験成功」と認識された場合，その研究者は満足を得るかもしれないが，実験には成功していない。皆さんがこの研究者であったら，どちらが幸福だと思うだろうか。目標を達成したがそれを知らないで不満足で終わるほうがよいか，それとも真実を知らずに思い込みで満足するほうがよいだろうか。もし前者，つまり満足が得られなくとも実際の目標達成のほうがよいと考えるならば，人は思い込みという快楽充足よりも，大切だと思う目標が達成され，望みがかなう選好充足のほうがよいと見ていることになる。

また幸福とは，当人の主観だけで捉えるものではなく，具体的・客観的に定義できるという考え方もある。人間が幸福であるためには，健康や仕事，

＊6　選好充足説とは，個々人が望ましいと感じる選好が充たされることが幸福だという考え方である。「選好」の概念には，その人が本当に望ましいと考えているかが疑わしい「適応的選好」や他人の選好に対する自分の好み，すなわち「外的選好」なども含まれる。「適応的選好」とは，貧しい家庭に育ったために高等教育を受けようとは思わないとか，DVを受けている人がそこから逃れようと思うことすらできなくなる，といった環境に適応した選好が生まれることを言う。「外的選好」とは，他の人がやっていることやできることについて，自分がそれを好むかどうかということである。例えば，夫婦別姓を選ぶ人について自分はどう思うか（「人それぞれでいい」と思うか，「あまりいいことだとは思わない」と思うか）といった，他人の選好についての自分の好みである。

人間関係や財産など，基本的に必要とするものは共通するところが多いからだ。功利主義を政策決定や社会福祉に適用する場合は，このような考え方が有効にはたらくだろう。

　幸福という誰しもが追求すると思われるものも，実は簡単には定義できない。工学技術においては，人工物やサービスの提供によって，公衆の福利（welfare あるいは benefits）を促進することが重要な課題とされる。社会の人々にとって，何が幸福あるいは利益となるのか，技術者はその専門知識をもって計画したり予見したりしなければならない。望ましい社会のあり方や幸福の定義について，倫理学や社会科学など，様々な方向から考察することは，工学研究においても，すぐれた製品を開発する上でのよい手がかりとなるだろう。

◉まとめ

　功利主義は，近代化や個人の自由の進展に伴い，効果的で合理的な考え方あるいは政策決定方法として，現在でも様々な修正を経ながら新たに展開している倫理学説である。特に功利主義は，関係者を平等に顧慮するという基本に立つため，近年では動物倫理やグローバルな倫理などへの展開が見られるが，この基本原則を実現するのはなかなか困難である。また功利主義において，個人の自由や平等の実現が本当に可能なのかという点に関して，他の倫理学説からの批判もある。

　さらに功利主義は，費用便益分析という点で，技術者の工学的判断と共通する内容を持っている。そして功利主義においても工学的判断においても，判断の後の長期的な視点や，判断に際してどのような規則を導入するかなどの吟味が必要である。

◉それでも残る問い～発展学習～

　国民皆保険制度を備える日本では，疾病治療費の患者負担は原則3割（75歳以上の場合は1割）である。他の多くの国では，よい医療を受けるためには多大な費用が必要で，「金の切れ目が命の切れ目」となることもある。日本では国民が質の高い医療を低価格で受けられることを目指して，全員が何らかの公的医療保険に加入することを義務づけ，医療費を相互負担している。

しかし超少子高齢化社会という現実の中，この制度を維持することが困難になることが予測されている。医療の高度化と高齢者医療費の増加が主な要因だ。2017年時点，病気の治療に要した費用の総額である国民医療費は40兆円を超えている。約50年前の日本の医療費はほぼ1兆円だ。医療費増大に見合った経済成長が見込めるのでなければ，従来の制度で医療費をまかなうことはできない。あなたはどのような社会が望ましいと考えるだろうか？　ベンサムを生んだイギリスでは，"QALY"（質調整生存年）という指標を用い，新たな医薬品や医療機器が既存の技術に比べて，「寿命の延長」と「生活の質（QOL）」の改善という二つの観点から，どれだけ効果があるかを数値化し，効用の高いものでなければ公的医療保険の対象としないといった功利主義計算も導入されている。[*7] もちろん，医療費抑制には予防医療の導入など，様々な方法が考えられる。あなたは日本の医療制度をどう変えていったらよいと思うだろうか。おそらくこのまま継続するのは困難だ。継続すれば，次世代に膨大な赤字国債という借金を負わせることになる。限られた資源や時間を，効果的かつ平等に分配するにはどうしたらよいか，自らの課題として考えてみてほしい。

　　■より学びを深めたい人への読書案内

　J. ベンサム「道徳と立法の諸原理序説」『世界の名著38　ベンサム，J. S. ミル』
　　　山下重一訳，中央公論社，1967年
　J. S. ミル「功利主義」『世界の名著38　ベンサム，J. S. ミル』伊原吉之助訳，
　　　中央公論社，1967年
　W. キムリッカ『新版　現代政治理論』千葉眞・岡崎晴輝訳，日本経済評論社，
　　　2005年
　P. シンガー『実践の倫理　新版』山内友三郎・塚崎智訳，昭和堂，1999年
　P. シンガー『あなたが救える命──世界の貧困を終わらせるために今すぐでき
　　　ること』児玉聡・石川涼子訳，勁草書房，2014年
　児玉聡『功利主義入門』岩波新書，2014年
　伊勢田哲治『動物からの倫理学入門』名古屋大学出版会，2008年

　＊7　各国の医療技術の費用対効果の評価方法については，厚生労働省が公開している
　　　中央社会保険医療協議会の資料に詳しい。http://www.mhlw.go.jp/stf/shingi/
　　　2r9852000002f163-att/2r9852000002f1am.pdf

第 **6** 章

幸福と自由は両立するか？

ミルと自由主義

【学習目標】
☞功利主義で学んだ「幸福」と「自由」の関わりについて理解する。
☞社会における「自由」のさまざまなあり方を理解する。

【キーワード】
☞危害原則　消極的自由　積極的自由　リベラリズム

🐶ルクス君は，一日家の中にいて，たいくつしない？

🐱まったくしないよ。外は俺の領域じゃないから。

🐶外に出たことがないから，よさが分からないのかもしれないよ。

🐱屋外と家の中を出入りする猫もいるらしいが，だからといって猫に
　とっての自由度が高いとは限らないよ。交通事故にあったり病気に
　なったりすることもあるからね。

🐶僕は，屋外も家の中も好きだな。

🐱猫からしたら，散歩用のヒモをつけて，お供のヒトを連れて外に出
　るなんて，ヴェリタス君たち犬は不自由だと思うよ。

🐶実は，僕らはヒトに従っているように見えて，犬の自由を最大化す
　る戦略をとっているんだ。ヒトに合わせてやれば，犬が出かけられ
　る場所が増えるけれど，ヒトを困らせると，僕ら犬はヒト中心の社
　会から締め出されちゃうからね。

🐱犬にとっての自由と，猫にとっての自由はだいぶ違うな。

67

> 🐰 ヒトにとっての自由は何だろうね。いろいろ大変そうだけど。
>
> 🐱 たまにはヒト休みできるように，俺たちが付き合ってやらないと。

1 「自由」と「幸福」の関係

　犬のヴェリタス君と猫のルクス君にとって，それぞれが望ましいと思う「自由」はだいぶ異なっているようだ。また同じ犬同士，猫同士の場合でも，何を自由と考えるかには個体差がある。人間の場合はそれぞれの文化や思想を持つため，同じ人間であっても，何を自由と考えるかはより大きく異なってくるだろう。

　功利主義の目標は，個々人の幸福量の総和を増大させることであるが，そこでは幸福だけでなく個人の自由の実現も問題になってくる。社会全体の幸福において，もし個々人の自由が制限されているならば，その幸福は本当に望ましいものなのかどうかが問われるということだ。

　ベンサムが提唱した古典功利主義は，貴族や富裕層のような少数の特権者をより豊かにするのではなく，多数の中下層階級の民衆の幸福度を上げることを目指すものだった。中世の封建主義制度が崩壊した後，増加する生活困窮者が社会問題となった16世紀末－17世紀初め，英国では救貧法の制定・改正が行われた。これは社会福祉制度の先駆けであると同時に，反面では生活に困窮する人々を放置すれば，社会不安が拡大するため，困窮者を管理し矯正する制度でもあった。さらに産業革命が進展する中で社会的な格差が拡大し，生活困窮者も増加していった。ベンサムはこのような社会状況を踏まえ，いくつかの政治的提言を行っている。中でも有名なのが，**パノプティコン**（一望監視システム）と呼ばれる円形刑務所の設計である。

　ベンサムは，当時の英国首相ピットにパノプティコンの建設を提言しており，建築家である自分の弟に依頼した設計図を提出している。ベンサムによれば，この刑務所は社会的な効用がきわめて高いものだった。これは生活に困窮している人や定職のない人たちを集めて収容し，勤労させるシステムであるため，生活保障と勤労機会を提供するとともに，社会の安全や収益向上にもつながる。またパノプティコンでは，中央の監視塔に対して各独房が円形に配置されており，光の具合で，収容者同士も監視者の姿も確認できない

ように設計されている。収容者は常に誰かに「監視されている」可能性があり（その確証はないが），逸脱した行動を取ることができない。一方，監視する側からは，看守がたった一人であったとしても独房内を一望することができ，回廊を使って巡視することも容易である。そして監視者の姿を収容者の側から確認することができないので，仮に監視者が不在であっても（収容者自身の「監視されているかもしれない」という意識から）監視システムは機能することになる。

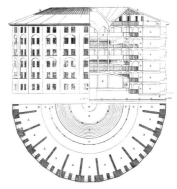
ベンサムによるパノプティコンの設計図

　さてあなたは，このようなシステムは，困っている人々を救うことで社会全体の利益を増すものと考えるか，それとも個人の自由や自律を束縛するため容認できないと考えるだろうか？　あなたが，自分の選択の自由や行動の自由がなくとも，身の安全や生活の安定を取りたいと願うか，あるいは多少の危険や不安があっても自分のことを自分で決める自由を大切にしたいと思うかによって，結論が変わってくるだろう。ベンサムによれば，法によって保護されるべきは安全（security）であって自由ではない。監視システムによって，社会は安全かつ機能的で，幸福量も増大するかもしれない。しかしパノプティコンの収容者は，それを望ましいと考えるだろうか。彼らはそのシステムに同意したのだろうか。[*1]

　ベンサムの孫弟子にあたる**ミル**（John Stuart Mill）は，幸福量の増大を目指す功利主義に立ちつつ，いかに個人の自由を実現するかを考察した思想家である。ミルは著書『自由論』において，人々が自由な振る舞いをすればす

---

*1　ちなみにパノプティコン建設計画は，皮肉にもベンサムの意図に反して，「費用がかかり過ぎる」という政府側の費用便益分析に基づいて却下され，実現しなかった。とはいえベンサムの「円形刑務所」のコンセプトは，後代に至って多数実現した。M. フーコーは『監獄の誕生』の中で，学校や工場，軍隊や刑務所のような権力空間はどれも同じようなパノプティコン構造を持つと指摘している。加えて「現代のパノプティコン」と呼べるような監視システムも存在する。国家機関によるSNSの監視や，AIを使った顔認証システムなど，多様に姿かたちを変えて「パノプティコン」は今も継続していると言える。

第6章　幸福と自由は両立するか？　　69

ミル

るほど、社会全体の幸福量が増大すると説き、幸福と自由を結びつけた考え方を提唱している。後に**リベラリズム（自由主義）**と呼ばれる考え方だ。ミルによれば、自分にしか影響を与えない私生活や私的な行為については、何者にも干渉されない自由を認めるべきである。まずものを考える自由や感じる自由は、自分の内面のことであって、どのような考えを持とうとも他人が干渉することではない。また好きなことや目的を追求する自由も、他人からそれは間違っているとかおかしいとか言われたとしても、認められるべきである。唯一その人の意に反して、自由な行動を止めることが正当化されるのは、他の人々に危害が及ぶのを防ぐ時に限られる（**危害原則**）。例えば、勉強や仕事を投げやりにして趣味に没頭していても、人に危害を及ぼすのでなければ、その人の自由である。

では、ある人が自分自身に危害を及ぼしているような場合はどうだろうか。過度な飲酒や危険な薬物摂取、浪費や享楽などにふける人たちの行為をやめさせるべきだろうか。ミルの考えでは、相手のためになるからやめさせたほうがよいという論理は、干渉を正当化する理由にはならない。なぜなら他人がどう言おうとも、自分の幸福について一番よく知っているのは当人だからである。よって判断力ある大人が、自分自身の事柄について、他人に危害を加えないで行動する限りにおいて、自由な行動に干渉することは、不当な**パターナリズム（父権主義、温情主義）**とみなされる。

ミルがここまで個人の自由を追求するのも、功利主義に立つためである。個々人が自分にとって最も望ましいことを追求して幸福になれば、社会全体も豊かで多様になり、全体の幸福量が増すからである。社会の常識や慣習に反すると思われるようなことでも、自由な行為を認めるほうがよい。というのも、その行為の中から新たな慣習に変わり得る、画期的なものが現れるかもしれないからである。実際ミルは、当時の英国では実現していなかった女性の参政権付与を擁護しているが、これは現在、多くの国々において慣習になりつつある。ミルがいうように、自由な発想や行動が許されなければ、変革も創造性も、イノベーションも生まれないだろう。

なかには、自由になったとたんに自分は怠惰に陥ったり破滅したりするの

ではないか，と心配になる人もいるかもしれない。ミルはこの点については楽観的で，人間は快楽の質の区別をすることができるので，低俗な快楽で満足することはないと言う。ミルの有名な一節「満足した豚であるより，不満足な人間であるほうがよく，満足した馬鹿であるより不満足なソクラテスであるほうがよい^{＊2}」というくだりは，人間は身体的な快楽にとどまらず，理性を働かせる快楽も知っているのだから，質の高い快楽を選び取るはずであるということを意味している。ここからミルの立場は，快楽の量を増やすだけでなく，快楽の質という観点を加えた**質的功利主義**と呼ばれることもある。

2　消極的自由と積極的自由

　ミルが提唱する自由は，「干渉からの自由」や「制限からの自由」というように，「○○からの自由」と表現される特徴を持っている。ミルのような干渉や制限の不在としての自由は，**消極的自由**と呼ばれる。一方，20世紀の政治哲学者バーリン（Isaiah Berlin）は，自分がどのような政治権力や統治の形を選ぶことができるか，そこに自由が認められているかという意味で，消極的自由とは別に，**積極的自由**という概念も考慮しなければならないと述べた。積極的自由は，自己支配する自由であり，自己決定への自由と呼ばれる。

　例えば成人したあなたが一人で暮らしたいと願い，そのことが自己実現の一つであると考えているとしよう（病気や障がいを持つ人にとっては，時として切実な願いとなることがある）。そのときあなたが家族の世話になるよりも，一人暮らしを選択できる権限が自分のみにあるのか，それとも他の誰かにあるのかということが問題になる。あなたが一人で暮らしたいと望み，その決定に誰も干渉しないとしても，現状の社会システムでは経済的に一人では暮らして行けないとしたら，誰にも干渉されないという消極的自由が保障されるだけでは，あなたの願いを実現することは困難だ。あなたの願いを実現するためには，誰でも望むならば，誰の世話にもならず，一人で暮らしていけるような社会を構築する必要があるだろう。

　ただ政治を通じた自己実現には，裏の顔もある。自分が価値があると考え

＊2　J. S. ミル「功利主義論」伊原吉之助訳『世界の名著38　ベンサム，J. S. ミル』中央公論社，1967年。

るものを，目いっぱい実現してくれるような独裁者が現れたとしたらどうだ
ろうか。そのような状況でも積極的自由は実現されているかもしれない。と
はいえ，当初のあなたの望みはかなうかもしれないが，相手は独裁者なので，
今後あなたの状況が変わったとしても一切それに耳を貸す余地はない。それ
でもあなたは自由だと言えるだろうか。バーリンは，積極的自由が拡大し暴
走した事例として，フランス革命期のジャコバン派による恐怖政治や，全体
主義的な社会主義国家などを挙げている。実際，フランス革命後，恐怖政治
に移行したジャコバン派や，独裁的な体制をとったソ連のスターリン主義で
は，仲間や同志であっても異なる意見の人々が粛清されてきたという負の歴
史があった。

3　自由と安全の関係

　重要なのは，私たちにとっては当たり前のように使われる自由という言葉
も，場所や時代が変われば，その意味も変わってくるという点だ。18世紀か
ら19世紀に活躍したコンスタン（Benjamin Constant）という哲学者によれば，
ポリスの市民のような古代人にとって，自由とは政治に参加することを意味
したという。彼らには居住の自由も兵役拒否の自由もなかったが，政治に参
加し，自分たちが決めたことに従うならば，私的な自由は犠牲にされても不
自由ではなかった。他方で近代人の自由は，個人が選び取った職業や人間関
係の中で，誰にも妨げられることなく幸福を追求することにある。コンスタ
ンによれば，近代人にとって政治とは，個人がプライベートな生活を繁栄さ
せることができる枠組みを提供してくれる手段に過ぎない。

　おそらく私たちにとっては，ポリス市民の自由より近代人の自由のほうが
身近に感じられるだろう。政治は個人に干渉せず，自由に幸福を追求する権
利を保障してほしいというのが多くの人の願いだと思われる。

　それでは個人が自由に活動するための，政治が提供する「枠組み」とは何
だろうか。コンスタンによれば，この枠組みとは「安全」であった。また，
国家を暴力や盗みから個人を守る「リヴァイアサン」とみなしたホッブズの
社会契約説や，ベンサムの功利主義にも，社会の安全という要素が重視され
ていた。しかし哲学者の齋藤純一は，アレントやフーコー（Michel Foucault）
の考えを引用しながら，自由と安全保障を同一視すべきでないと述べている。[*3]

アレントによれば、「統治は、いまや自由というよりは生命過程、つまり社会や個人の利害の後見人とみなされるようになった[4]」。個人の安全を政治が守ってくれることは、問題なく望ましいと思われるかもしれない。しかしその場合、何が個人の安全を脅かす「危険なもの」であるかという判断は、フーコーがいうように、権力あるいは社会の多数者にゆだねられることになる。よって、いつ自分が危険認定されるか分からないのであり、その決定に個人の自由が及ぶ余地はない。

さらにアレントが言う、自由と安全を混同してはいけないという主張には、より深い意味がある。ミルが示したような、「自由に行為する個人」は、すでに完成し決定された自己を確立し、自律して行為しているようにも見える。しかし自己は、自己自身によって完結した「閉じたユニット[5]」ではなく、他者との関係によって異なるあり方に開かれる可能性を持っている。だから他者の権利を制限したり、他者との邂逅を避けたりすることは、逆説的に、他者との関係において生じる自分の新たなあり方や変化する可能性を閉ざしてしまうことになるのである。他者に開かれた自己（場合によってはそのために安全が脅かされるおそれのある自己）こそが、新たな可能性への出会いという自由に開かれた自己なのである。

あなたは自分という存在が、自分が意図したとおりであり、自分が想像できる限りの自分になれれば満足するだろうか。それとも自分には、これまでに想像もできなかったような異なるあり方や、変化する可能性があるかもしれないと考えるだろうか。これまであなたは、他者との出会いにおいて、思ってもみなかったような自分の一面が見えてくることを経験したことはないだろうか？　例えばその他者は、友人や恋人かもしれないし、異なる文化を持った人かもしれない。またその他者は、人ではなくて、物語や出来事かもしれない（宗教を信じる人であれば、それは「神」かもしれない）。ここでいう自由とは、自分の中の確定できない部分、決定できない要素である非決定性や、自分なのに自分が知らない、自分の中の他者性を含んだ自由なのである。

＊3　齋藤純一『自由（思考のフロンティア）』岩波書店、2005年。

＊4　H.アレント「自由とは何か」『過去と未来の間』引田隆也・齋藤純一訳、みすず書房、1994年。

＊5　齋藤、前掲書、55頁。

4　現代人と自由──技術の「非決定性」と「他者性」

　現代人と自由について考える際，技術によって人間が自由を獲得してきた
側面にも注目する必要があるだろう。移動手段の獲得によって，現代人は容
易に望む場所に出かけることができる。通信手段の発達によって，遠方の人
と瞬時にコミュニケーションを取ることも可能である。インターネットが登
場した時，出版ルートや既存メディア，学術雑誌などを通さずに，誰にでも
自由な言論活動をすることが可能になることから，インターネットが「新た
な公共空間」と呼ばれていたこともある。

　そして技術が生み出す人工物やサービスは，私たちの自由度を増やすだけ
でなく，私たちが自由に人工物やサービスを使うことによって，新たな使用
方法が生み出されることもある。このようなケースは，技術に「非決定性」
や「他者性」という要素があることを示している。

　科学哲学者の村田純一は，技術の他者性について，第一に「人工物が，設
計者の意図に反してふるまうような場合（モノの反撃）」，第二に「設計者が
思ってもみなかったような使われ方をする場合」を挙げている[6]。「モノの反
撃」としては，原子力プラントの事故などがあるが，「設計者が意図しない
使用方法」としては，元来軍事用に開発されたインターネットが，現在，
様々な技術や文化コンテンツの基盤となり，開発当初とは大きく異なった創
造的な役割を担っている事例を挙げることができる[7]。また人工物をユーザー
が使うことによって見えてくる非決定性がある。一度世に出た製品が，ユー
ザーの声を取り入れることで，より使いやすい製品にモデルチェンジされる
場合もあるし，設計段階からユーザーや異業種の人々が関わるような共同開
発製品，コラボ製品もある。

　このような技術の非決定性，他者性を踏まえるならば，設計者には広い展
望や長期的な視点が必要となるだろう。また，人工物の設計プロセスに社会
での使用過程も含まれるとすれば，ユーザー側も技術が向かう方向性を決め

＊6　村田純一『技術の哲学』岩波書店，2009年，141-147頁。

＊7　冷戦期，アメリカ国防高等研究計画局（現 DARPA）が，電話回線などネット
　　ワークの一部が攻撃されても通信機能を維持できるよう開発した，分散管理型の軍
　　事用ネットワーク「ARPANET」が，インターネットの前身とされる。

る一因を担っていることになる。例えば、自由な言論活動を可能にしたインターネットやSNSを用いたコミュニケーションは、近年では逆に不自由さも生み出している。SNSで発信される他人からの評価や批判が、個人を束縛する場合もある。またSNS上で差別的な言動（ヘイト発言）を行う人も増えているが、それを表現の自由が増したと捉えてよいのかという問題も生じている。

　工学技術の非決定性は、設計者にとってもそれが「未知の要素」なのか、あるいは「エラー」なのかが不確実であることを示している。技術者はそのような状況に立ちつつ、何らかの決断（製品を市場に投入するか、否かなど）をしなければならない。そしてユーザー側も、どう変化するか分からない技術を使用し、場合によっては改変に寄与する立場において、責任の一端を担っていると言えるだろう。

◉まとめ

　自由の定義は、多様である。「束縛がないこと」、「自己決定できること」、「安全であること」、「他者性や非決定性に開かれていること」など、様々な論点から考察できる課題である。

　他者性や非決定性という自由は、人間だけではなく人工物を媒介とした社会においても成立する。技術は人間の生活における自由度を増してきた半面、社会の中で自由に利用されることによって、開発者の意図しない使われ方が生じることもある。そのような技術の非決定性は、私たちの自由度を増すこともあれば、自由を制限する場合もある。設計を担う技術者も、人工物を利用する市民も、技術の非決定性や他者性に意識的である必要がある。

◉それでも残る問い〜発展学習〜

　ミルは、個々人が幸福になるから、自由は望ましいと考えた。ミルにとっては、自由そのものよりもそれがもたらす幸福が目的だったようにも思われる。あなたは自由が増えれば増えるほどよい、と考えるだろうか？　自由に行為するのは面倒だとか、流されて生きたほうが楽だという本音を持つ人もいるかもしれない。自由によって、不安や孤独が増えたから、自由など誰かに譲り渡してしまえ、と考えたのはあなただけではない。フロム（Erich

Fromm）という心理学者は，このような近現代人の心理を「自由からの逃走」と呼び，20世紀のファシズムの跳梁は，このような大衆の不安が招いたものだと考察している。では，仮にみんなが「いらない」と言ったとしても自由は望ましいものだろうか？　誰が何と言おうと自由はよいものであると論証できるならば，自由には「客観的な価値」があることになる。自由はよいものであると考える人がいるから，自由には価値があることになっていると考えるならば，自由そのものには「主観的な価値」のみがあることになる。

　もともとリベラリズム（自由主義）という言葉は，宗教改革以後，欧州世界を揺るがしたピューリタン革命や三十年戦争などの国際紛争を終結させるために提唱された宗教的寛容に由来している。だから，お互いが何をどのように信じたり重んじたりしているかといった価値の問題には関わらず，相手も自分も自由にするというのがリベラリズムの発祥であるとすれば，自由そのものに客観的な価値があるというよりも，自由は個々人の価値を追求するための枠組みであるということになる。自由はそれ自体善なのか，善を追求するための手段なのか，といった問いは，現在も倫理学・哲学において論争されているトピックだ。

　そして技術は，人を自由にすることにも貢献するが，不自由にする場合もある。技術者を目指すあなたならば，自由をどのようなものとして想定するだろうか。自由を広げる技術を作るのか，あるいは人の自由を制限する技術を作るのだろうか？　目的を明らかにしたつもりで設計した人工物であっても，社会において，自由で多様な使われ方をされる。技術とその作成物においても，人間の自由意志や自由な行為といった，決定できない要素が関与しているのだ。

■より学びを深めたい人への読書案内
J. S. ミル『自由論』斉藤悦則訳，光文社古典新訳文庫，2016年
J. S. ミル「功利主義」『世界の名著38　ベンサム，J. S. ミル』伊原吉之助訳，中央公論社，1967年
I. バーリン『自由論』小川晃一・福田歓一・小池銈・生松敬三訳，みすず書房，2000年
M. フーコー『監獄の誕生──監視と処罰』田村俶訳，新潮社，1977年
H. アレント『過去と未来の間』引田隆也・齋藤純一訳，みすず書房，1994年
E. フロム『自由からの逃走　新版』日高六郎訳，東京創元社，1952年

W. キムリッカ『新版　現代政治理論』千葉眞・岡崎晴輝訳，日本経済評論社，
　2005年
齋藤純一『自由（思考のフロンティア）』岩波書店，2005年
村田純一『技術の哲学』岩波書店，2009年

第7章

自由と平等は，両立するか？

ロールズと正義論，ノージックと自由至上主義，マッキンタイアと共同体主義

【学習目標】
☞「自由」と「平等」との関わりについて理解する。
☞個人が「正当に所有するもの」についての様々な考え方を理解する。

【キーワード】
☞平等　正義論　リベラリズム　リバタリアニズム

🐰動物って，弱肉強食だってよく言われるよね。

🐱たしかに，生まれつき強い動物のほうが，生存には有利だろうな。

🐰野生の動物だったら，弱い個体は生き残れないしね。

🐱でもヒトだって，弱肉強食の社会で生きているんじゃないのか？動物だけがそうだっていうわけじゃない。

🐰ヒトの場合の弱肉強食は，おカネがからんでくるから，やっかいみたいだね。たくさんおカネを稼ぐヒトが，強いっていうことになる。

🐱俺たちは，おカネを稼がなくてもいいから，よかったな。

🐰ある意味，平和だよ。

🐱おカネは，天下の回りものさ。

🐰でもヒトは，群れの中の弱いメンバーをサポートしたり，お年寄りを大事にしたりすることもあるよね。

🐱動物だって，助け合いをするさ。

🐰ルクス君はあまり助けてくれないけどね……。

79

1 「自由」と「平等」の関係

犬のヴェリタス君と猫のルクス君が言うように，人間は「いくら稼ぐことができるか」という経済力を争って，弱肉強食の社会を生きているようにも見える。資本主義社会においては，企業の自由な経済活動が認められるが，自由競争は社会の格差（不平等）を拡大する可能性も持っている。そして現在，多くの企業活動はグローバルな（地球規模の）経済システムの中にあるため，格差もまた一国家を超えたグローバルなものとなっている。あなたは，自由競争の結果として，不平等が生じるのは仕方がないと考えるだろうか。それとも自由と平等を何とか両立させたいと考えるだろうか。

第6章にも登場したバーリンによれば，自由とは「単に欲求不満がない」ことではなく，個人の「可能な選択や活動に障害がないということ」である。バーリンはこの自由を「どれぐらい多くのドアが開かれているか」という言い方で表現しており，自由の実現には，平等やアクセス可能性という要素も考慮する必要があることを指摘している。実際，自由に行動してよいと言われても，自由に選択したり行為したりすることは，条件が整っていない場合には困難である。

「自由」と「平等」という言葉は，よく似た内容を指すように見えながら，実はずいぶん違うのだ。例えば，兄弟や親戚，近所の子どもなど，年齢の異なる集団で遊んだ経験を思い出してみよう。一番年齢の低い子どもから最年長の子どもまでが鬼ごっこをした場合，誰が最も負けるプレイヤーになるかは明らかだ。あなたはそれを「不平等」だと思うだろうか。それとも，皆が同じように競争に参加しているのだから「平等」だと思うだろうか。皆が平等にゲームに参加しつつ，自由な競争を楽しめるという公平な基準でのプレーを目指すならば，年齢による能力差を埋めるハンデをつけたほうがよいだろう。例えば小さい子どもは遊びに加わっても，「鬼にはならない」とか「スタート地点を変える」など，特別ルールが適用されることがある（ちなみに味噌で有名な愛知県では，特別ルールをもらった子のことを「おみそ」と呼んでいた）。これは最も不利な条件のメンバーにあらかじめ有利な条件

＊1　I. バーリン『自由論』福田歓一訳，みすず書房，2000年，58頁。

をつけることによって，集団において平等にパフォーマンスを発揮できるようにする配慮である。自由な参加や競争が認められているからといって，自動的に平等が伴うわけではないということだ。

2 功利主義と平等な顧慮

もともとベンサムが提唱した功利主義は，一部の特権階級が富を独占するのではなく，多数の貧しい人々も含めた社会全体の幸福量を増大させる効用の高い行為を正しいとみなすという点で，平等主義的な内容を持っていた。しかし社会の幸福量をメンバー全員の幸福量の総和と捉えると，少数者が幸福のために犠牲になることや，個々人の自由や権利よりも社会全体の公益を考慮して管理社会を作ったほうが，幸福量が増大するという可能性も出てくる。そこでミルは，人々が自由に振る舞うほど，社会の幸福量が増大すると考え，効用を「自由の実現」という観点から捉えなおした。また選好功利主義の立場では，効用の最大化にあたって，各人が望ましいと考える選好の充足が最大限実現することを目指す観点を導入している。功利主義の考え方は，幸福とか効用の意味内容については論者によって異なるものの，共通するのは，社会のすべての者を一人ずつ，一人以上にはカウントしない，すなわち平等な存在として顧慮するという原則である。

それでは功利主義でいう平等とは，何が等しいものと考えられているのだろうか。20世紀のイギリスの哲学者・倫理学者ヘア（Richard Mervyn Hare）によれば，選好を最大限に充足させるという目的から見れば，各人の選好を等しく数えることで，平等な存在として顧慮していることになる。ヘアは，不正に見える選好も，効用計算に含めるべきであると考える。よって，もし誰かの所有物を取り上げて再分配した時に，社会により多くの効用が生まれるのならば，不平等な分配も容認すべきだということになる。

このような前提に立つと，豊富な資源を持っているにもかかわらず，さらに多くのものを要求する欲張りな人や，恵まれた人の選好もまた，等しく顧慮されるべきだということになる。例えば，財産や能力，人間関係や教育機会も良好という人が，望みの学校に進学したいという選好と，勉強する時間も学習環境も十分ではないが，望みの学校に進学したいという人の選好も同様に等しく扱うべきだ，ということになる。これをあなたは平等と思うだろ

うか？　不平等だと思う人も多いかもしれない。それではそもそも，人は何を正当な持ち分として所有すべきなのだろうか？

　キムリッカは，「他者への平等な顧慮」とは，「自分自身の人生の目標を決定する際に他者に正当に属するのは何かを顧慮すること[*2]」であると述べている。つまり自分のことだけでなく，他の人々が何を持つべきか，何を持つ正当性があるのかということについても，よく吟味していくことが平等な顧慮となる。子どもの遊びの事例でいうならば，平等にプレーする集団を作るのか，年少者も容赦なく競わせ能力を高める集団を作るのかを決めていかなければならない。

3　人間は何を持っているか

　20世紀後半，人種差別や性差別の解消が社会的課題となっていったことを背景に，功利主義の原則となる「平等な配慮」は，「平等な分配」にはつながらないという批判がなされるようになった。功利主義は，他者の権利を侵害するような，不当な選好の除外に失敗しているというものだ。特に冒頭に示した自由と平等の両立を目指し，リベラリズムの中でも「リベラルな平等」という立場の先駆的存在となったのが，米国の哲学者・倫理学者**ロールズ**（John Rawls）である。

　ロールズは，主著『正義論』の中で，どのような生き方を選ぶ人でも同じように必要となるものを**基本財**と呼んでいる。基本財とは，身体・言論・信教の自由など基本的自由の権利，雇用や教育の機会，収入や富といったものを指す。これらが保障されなければ，実際に自らの生き方を自由に選択することは難しくなる。この点でロールズの考えはリベラリズム，すなわち人々がそれぞれ自分の生き方を自由に選択できることが望ましいという立場をとっている。そして人々が自由な生き方をするためには，資源や財の分配は平等に，正義にかなった仕方でなされなければならない。ロールズは，分配に関する正義の原理が二つあるとみなしている。第一に，基本財はその人の状況に関わりなく平等に分配されるべきである（正義の第一原理）。第二に，社会的・経済的不平等は，最も不遇な立場におかれた人の利益を最大化する

---

　*2　W. キムリッカ『新版　現代政治理論』千葉眞・岡崎晴輝訳，日本経済評論社，63頁。

ように用いられるべきである。ロールズはこの正義の第二原理を**格差原理**（difference principle）と呼ぶ。多くのものに恵まれた人とそうでない人がいるという「不平等」があっても，多く恵まれた人の資源が，最も不遇な人々の暮らしよさのために用いられるならば，その差は，「不正義」とはならない。多くの所得を得ている人が，より多くの税金を支払う累進課税制度は，格差原理に適った制度の一つであるといえよう。累進課税制度では，多く稼ぐ人は多額の税金を納めなければならない。これは一見すると不平等だが，その人が高い能力や獲得した資格によって高収入を得ているとしたら，社会でそれらの能力や資格が評価されていることや，能力を発揮したり努力したりできる環境にあったことは，あくまで偶然に過ぎない。この偶然性を考慮すれば，その人が稼いだものがすべて，正当に本人に帰属すべき所有物なのかは疑わしくなるのではないだろうか。

4　正義にかなった社会

　ロールズがいう二つの原理が正義だとしても，実際の社会でその原理を皆が選択するとは限らない。そこでロールズは，**社会契約説**に基づいて正義の原理が選ばれるプロセスを論証しようとする。社会契約論とは，政治社会が存在する前のゼロ地点を想定し，どのような約束であれば人々が納得して，法や制度を制定する政治権力を支持することができるのかを説明する理論である。ロールズは，人々が**原初状態**（original position）において，自分がどのような存在か，どの程度の資産や能力を持っていて，どれほどの運や不運をこうむっているかを知らない**無知のヴェール**（veil of ignorance）に隠されている，という想定をする。つまり自分がどこの誰で，何が得意か，何を持ち札として持っているかも分からないという状態だ。この無知のヴェールに覆われた状態で，正義の原理が選択される。無知のヴェールは，ケーキを切り分ける時，ケーキを切る人は，どれを取るかを選べないようにするなどしておけば公平に分けられる，といったたとえでも表現されている。

　自分の有利な立場や権限を周知している人が，分配や選択過程に関与すれば，自分に都合がよいように仕向けるだろう。つまりケーキを切った人がまっさきに選ぶことができるなら，自分の好みの一切れを切り分けてしまうことになる。それに対して自分の境遇を知らない無知の状態であれば，自分

第7章　自由と平等は，両立するか？　　83

が有利になるような分け方や取り決めをすることはそもそも不可能だ。中には，自分の状況を知らなくても，偶然有利な取り分が回ってくることに賭けて，差をつけた配分をしたほうがいいと考えるギャンブラー気質の人もいるかもしれない。しかしロールズによれば，人は自分が最悪の事態になっても生き延びられるような慎重な戦略を取る，とされる。ゲーム理論で**マキシミン・ルール**と呼ばれる行動パターンで，「最小のうちの最大（maximum among minimums）」，すなわち最も弱い立場に置かれた時の取り分を最大にしようとするものだ。よって無知のヴェールのもとでの社会形成においては，自分が最も損をする少数者になる可能性がある「最大多数の最大幸福」は戦略として採択されない，とロールズは功利主義を批判するのである。

　公正な正義の原理を確立するには，特定の立場や特性を持つ個々人がそれを捨てて関わるのでなければならない。つまり誰の境遇に自分が入れ替わったとしても，それを受け入れられるような扱い方でなければ，他者に対する正義にかなった振る舞いではない。したがって「あの人の境遇には絶対になりたくない」といった状況がまかり通ることは，不正義なのだ。各人の生き方は人それぞれだが，各自が「善い生き方」と思うあり方を可能にするような「自由」な選択の余地が，「平等」によって確保されなければ，真の自由も実現しない。したがって，個人や社会が追求する何らかの価値である「善さ」より先に，公正で機会平等な社会を保証する「正義」が優先されることになる。このようなロールズの立場は，**正義の善に対する優位**ともいわれる。ここでいう正義とは，自由な生き方を可能にする平等をも考慮した，公正な社会の秩序を示している。

　先述のように，機会の平等を確保し，スタートラインを可能な限り同じくしても，個々人の差がなくなるわけではない。しかしロールズによれば，生まれつき能力や才能に恵まれた人々は，運悪く力負けした人々の状況を改善するという条件に基づいてのみ，自分たちの幸運から利益を得ることが許される。よって生来の身体能力や容姿によって多くの収入や地位を得ている人々，スポーツ選手やモデルのような人は，生まれ持ったその特徴に由来するものであっても，その富のすべてが彼らの正当に所有するものとはならない。また彼らが生来の条件だけでなく，並々ならぬ努力によって地位や能力を獲得したとしても，「努力できる」こと自体，その人が恵まれているからだとも考えられる。なぜなら，努力すれば成功すると考えられる自尊心や，

努力が推奨されるような生育環境がなければ，人は努力することも困難になってしまうからである。

5　所有物に関する権原の問題

ロールズの考えでは，才能ある人が稼いだ富であっても，その人に帰属する所有物とはならない。しかしこの考え方によれば，才能によって得られた富がその人のものでないとしたら，その才能は誰の所有物なのか，といった問題が出てくることになる。才能も稼いだものもその人の所有ではないとしたら，それは社会の共有物なのだろうか？

個人が何かを「所有する」ことは，その人の権利であるという考えが浸透したのは，さほど昔のことではない。17世紀に活躍した哲学者**ロック**（John Locke）は，生命・財産・自由などは，個人が所有し個人に帰属する**プロパティ**（property）であり，いかなる権力者であろうともそれを奪い取ることが不当とみなされる個人の**自然権**を擁護した[*3]。そこでロックは絶対王政を批判し，権力者であっても，民主的手続きで選出された議会が決めた法に従わなければならないという立憲君主制を提唱した。このようにロックの政治哲学は，個々人にはそれぞれ他者から侵害されない所有権（自然権）があるという考えに基づくものであった。

ロックの自然権についての考えを基に，「人は皆，自分が所有するものを自由に用いる権利があり，幸福の最大化とか平等な分配とか，その他いかなる理由でも他者がそれを奪うことは不当である」という考え方が20世紀になって再燃した。これは**リバタリアニズム**（自由至上主義）と呼ばれる立場で，**フリードマン**（Milton Friedman）や**ハイエク**（Friedrich August von Hayek）といった経済学者の他，**ノージック**のような哲学者も含まれる。中でもノージックは，**リバタリアン**（自由全上主義者）の理論的中心を担い，ロールズが考える所有概念とは全く異なった**権原理論**（entitlement theory）を提唱している。権原理論によれば，個人は自分の所有物（財）についての権原，すなわち法律的・事実的行為をすることを正当化する根拠を有しているため，公正な所有物の移転は，本人の選択である場合に限られる。本人の

＊3　J.ロック『完訳　統治二論』加藤節訳，岩波文庫，2010年。

第7章　自由と平等は，両立するか？　　85

選択でない財の移転は，公的な政府による課税であっても，不当なものとなる。そして税金によって整備・維持されるような，公共交通機関や公的医療保険，公教育などの**公共財**もまた，市場原理にゆだね，公正な競争を促すべきだということになる。

　そして才能に恵まれた人が稼ぎ出した富や所有物も，個人が持つ才能によって生み出されたものなので，富に関する権原はその人にあるということになる。経済的に満たされている人が，自分の持ち物である所有物を自由意志で寄付する限りでは，権原は侵害されない。しかし政府が社会制度として課税を行うならば，それは強制であり自由の侵害となる。リバタリアンにとって，自分の才能や身体は自分自身のみに関わる事柄であり，ロールズが主張したように，才能から得た富を正当に所有する権利がないならば，その人は自分自身の才能や身体すら所有できず，他者による不当な侵害を許すことになるからだ。

6　正当な社会とは？

　ノージックの著作『アナーキー・国家・ユートピア』によれば，正当とみなされる国家の形は，「暴力・盗み・詐欺からの保護，契約の執行などに限定される」**最小国家**のみである[*4]。国家は，市民に他者を扶助させることを目的に，その強制装置を使用することができない。ノージックが述べたように，国家の公的機能や福祉制度等を縮小し，市場の自由に任せて経済成長を図ろうとする政策は，1980年代のサッチャー政権（英国）やレーガン政権（米国）で実施された。これらの政策において，経済成長は進展したものの，格差が拡大したことも否めない。特に人口の少ない地方や経済的に豊かではない地域のように，採算が合わない場所では，市場原理に任せてしまうと私企業の撤退を招き，必要な財やサービスが供給できなくなってしまうことがある。だから社会インフラの多くは，公共財として整備されている。公共財は，コストを負担せず利用する**フリーライダー**（ただ乗り）を生じさせる可能性があるものの，公道や公園など利用する人を選ばない「非排除性」があり，コスト回収に関わりなく必要なサービスを提供する機能を担っている。

＊4　R. ノージック『アナーキー・国家・ユートピア』嶋津格訳，木鐸社，2004年，1 - 2頁。

また，リバタリアニズムが主張する自由の拡大は，市場経済に限定される話ではない。ノージックの上記の著作では，「ユートピア」のあり方についてもこう述べられている。

　　ユートピアとは，皆が共通に持つ理想を体現したものではなく，様々なユートピアを可能にする「枠」に過ぎない。この「枠」は，法の履行や安全のみを保障するもので，人々はその中で自由にコミュニティを作り，自分が「善い」と考える生き方を追求するが，他者にその「善さ」を押し付けることは誰にもできない。[*5]

　この意味では，リバタリアニズムは経済的な自由だけでなく，政治的にも個々人が自由を追求することを促進する考え方である。しかし自由の根底となる平等が考慮されなければ，最低限の財産や教育といった，自由へアクセスする手段を持たない人々にとっては，自由を追求することさえも困難になってしまう可能性もある。

　特定の「善さ」の共有を目指さないという点では，ロールズのいう「善よりも正義が優先する」リベラリズムとリバタリアニズムには共通する点がある。しかしサンデルは，ロールズが想定するような，原初状態において自由な選択を行う**負荷なき自己**はありえないと批判する。サンデルはむしろ「負荷」，つまり自分が背負う特定の歴史や文化的背景に対して意識的であるほうが，別の背景を持つ主張や自分とは異なるあり方をも認められる可能性がある，と主張している。[*6]サンデルのように，個人が善さや正しさを判断する考え方についても，所属するコミュニティ（共同体）の影響を受けていることを重視する立場は，**コミュニタリアニズム**（共同体主義）と呼ばれる。リベラリズムやリバタリアニズムによれば，自由な選択が可能であればこそ，自分にとっての「善さ」が分かることになり，「善さ」は個々人が追求すればよい。一方**コミュニタリアン**（共同体主義者）にとっては，「完全に自由な個人の選択」ということ自体が想定できない。例えば，あなたが今考えて

＊5　R. ノージック『アナーキー・国家・ユートピア』嶋津格訳，木鐸社，2004年，506頁。

＊6　M. サンデル『これからの「正義」の話をしよう』鬼澤忍訳，早川書房，2010年，372頁。

第7章　自由と平等は，両立するか？　　87

いる思考方法や価値観は，ゼロから生まれてきたというよりは，家族共同体や地域共同体，または学校のような教育共同体の中で作られてきたものであるし，自分が出会った同じ共同体の中の他者から影響を受けて形成されたと捉えることができるだろう。特定の共同体において評価される行為や考え方のことを，コミュニタリアニズムでは美徳（virtue）と呼ぶ。ある特定の場所や時間における価値，すなわち「善さ」という基準から見て，個々人の行為がふさわしければ，その人は美徳ある人とみなされる。コミュニタリアンにとって，共同体における善さを離れて，個人の行為について正しいか正しくないかを判断することはできない。

またコミュニタリアニズムにおいては，個人は単独で行為する存在ではなく，人間が過去から未来に向かっている存在であり，社会の中で生きているという人間観が見て取れる。マッキンタイアは，ロールズもノージックも共に，個人のあり方を考えるにあたって，時間概念を喪失していると批判する。マッキンタイアの分析によれば，ロールズは分配について考える時，社会契約の当事者が過去に行った行為の結果を考慮していない。またノージックは合法的な獲得行為に権利を認め，過去の土地簒奪や支配の歴史を封印している。たしかにロールズの考える原初状態では，過去に獲得したものは問われない。ノージックの権原理論も，基盤となるロックの思想が，先住民が住む土地であっても，自己の所有物である労働を投下した土地はその人の所有となるという発想の下，植民地支配を促進したことを不問にしている。

マッキンタイアによれば，個人は自身が存在していなかった過去を含め，現在を経て，将来へと向かう「共同体の物語」の中に身を置いてはじめて，何が善や価値であり，自身がどう行為すべきかを理解できるようになる。マッキンタイアは，ドイツの事例を挙げ，自分が第三帝国を支持したわけではないから，ナチスドイツの負の歴史とは関係がないという若者は正しくないとも論じている。

このようにコミュニタリアニズムは，リベラリズムやリバタリアニズムと

＊7　コミュニタリアン同様，「美徳」を提唱したアリストテレスは，ポリスという社会に生きるという人間観を持っていたが，歴史的時間に生きるという観点は有していなかった。

＊8　A.マッキンタイア『美徳なき時代』篠崎榮訳，みすず書房，1993年。

＊9　同前。

は異なった観点から，個人が共同体における歴史を背負うことを明確にし，異なる歴史を持つ他者と関わる責任を提唱する立場である。しかし一方でコミュニタリアニズムは，共同体にとっての善や美徳を無反省に受け入れてしまうことによって，個人が自己判断を回避したり，同じ共同体に属する者同士の違いを認めなくなったりする可能性も持っている。

◉まとめ ─────────────

　リベラリズムとリバタリアニズムは，どちらも自由を促進する考え方だが，所有や平等といったことについての考え方は大きく異なっている。これらの思想は，自由な経済活動の結果としての格差社会をどこまで許容するか，また格差の解消を個人の努力に任せるか，あるいは社会の責任と捉えるのか，私たちが社会のあり方を考えていく上でのよい手がかりとなる。

　またリベラリズムとリバタリアニズムにおいて，何がその人にとって価値がある善いものなのか，という問いは個々人に任されており，共通の善さを追求することはない。この点ではコミュニタリアニズムからの批判がある。

◉それでも残る問い〜発展学習〜

　自由と平等の問題は，格差が拡大する日本においても切実に改善が必要な課題となっている。中でも日本は，2016年の厚生労働省の調査によれば，子どもの相対的貧困率が13.9％（7人に1人）と，OECD加盟国の平均13.3％（2013年調査）を上回っている。特に学生の皆さんにとっては，教育費の高騰に伴う教育格差は，身近な問題だろう。日本では子どもの教育は親の責任と考える家庭が多いが，高等教育も含めた教育費は，社会全体で負担すべきと考える国々も多い。フランスでは，大学入学資格である「バカロレア」の取得者は成績不問で大学に進学でき，国立大学の学費は無料か年間10万円以下である。近年ではバカロレアの成績による選別も導入されているが，裕福な家庭は塾などの利用ができるため，それも不平等だという見解もあるようだ。

　また経済のグローバル化が拡大する中で，格差の問題は一国家の問題にとどまらなくなっている。グローバル経済において，多国籍企業が稼ぎ出した収入は，その企業の完全な所有物であって，自由に処分してよいだろうか？

第7章　自由と平等は，両立するか？　　89

グローバル企業が，法人税率が低い国に子会社を作り，持ち株を売却して課税逃れをする事例は多々あるし，安価な土地や労働力の供給が得られる国に生産拠点を置く場合もある。このようにして得られた富を正当に所有する権利は誰にあるのだろうか？　私たちは，経済活動を企業の自由競争に任せるだけではなく，社会における企業の役割も考えていかなければならないだろう。パナソニックの創業者である松下幸之助は，「企業は社会の公器である」と語っている。企業には，経済活動だけでなく社会的責任も求められているのだ。

■より学びを深めたい人への読書案内

W. キムリッカ『新版　現代政治理論』千葉眞・岡崎晴輝訳，日本経済評論社，2005年

R. M. ヘア『自由と理性』山内友三郎訳，理想社，1982年

J. ロールズ『正義論』川本隆史・福間聡・神島裕子訳，紀伊國屋書店，2010年

J. ロック『完訳　統治二論』加藤節訳，岩波文庫，2010年

R. ノージック『アナーキー・国家・ユートピア』嶋津格訳，木鐸社，2004年

M. サンデル『これからの「正義」の話をしよう──いまを生き延びるための哲学』鬼澤忍訳，早川書房，2010年

A. マッキンタイア『美徳なき時代』篠崎榮訳，みすず書房，1993年

第8章

ビジネスは誰のためか？

技術とビジネス，グローバルな正義

【学習目標】
☞経済学の基本を学びつつ，企業が果たす社会的責任が，IT 技術など
の技術革新に伴い，グローバルに拡大していることを理解する。

【キーワード】
☞企業の社会的責任　SDGs　ESG 投資　パレート最適

😺 ヴェリタス君は，いつもエサを残さないな。

🐶 ルクス君は，残しても後で全部食べてるよね。一番よく食べ物を残
　 しているのはヒトだよ。

😺 日本では，家庭での食べ残しや，食べられるのにお店で売れ残った
　 食品が，1 年に約600万トン以上捨てられるそうだ。

🐶 国連世界食糧計画（WFP）が途上国や災害被災地へ送る食糧援助量
　 （320万トン）の 2 倍近いね。

😺 もったいない。世界の食糧生産量は，地球上の全人口が必要な量を
　 上回っているのに，うまく分配できていないんだな。

🐶 ちゃんとごはんを分けられれば，世界の食糧不足だって解決するよ
　 ね。ちゃんと分けるためには，民主的な政治も実現しないとね。

😺 食糧の無駄をなくすのは，将来のためにも必要だな。

🐶 家庭でも，無駄にしないようにしないとね。お店で食べ残しを入れ
　 る容器のことを，英語で doggy bag って言うんだよ。「犬用容器」

ね。でも当然，僕は僕専用のエサを食べるから，ヒトが食べるんだ
けどね。

1 企業の目的は何か？

　動物たちとは異なって，人間は食糧や生産物を過剰に生産し，過剰に消費
（廃棄）することが多々ある。過剰なものを，不足している場に投下できれ
ば話は簡単だ。しかし自由市場において，モノやサービスを供給する側は，
それが本当に必要とされているかどうかよりも，「需要」を満たすことで
「価値の交換」が成立し，利潤が生まれるという仕組みがある。ノーベル経
済学賞を受賞した経済学者フリードマンは，1970年に「ビジネスの社会的責
任はその利益を増大させることである」というタイトルのエッセイを発表し
ている。一見，「企業は儲けさえすれば，何をしてもいい」という内容かと
思いきや，フリードマンは別の著書の中で次のようにも言っている。

> 　自由主義経済体制のもとでは，ビジネスの社会的責任はただ一つしかな
> い。それは利潤を増大させることである。自らの資源を活用し利潤の増
> 大を目指した様々な活動に没頭することである。ただし，それは詐欺や
> 欺瞞のない開かれた自由な競争というゲームの規則の範囲内でのことで
> ある。[*1]

　つまり「企業は，市場のルールに則った範囲内」で儲けなければいけない，
という但し書きがついている。その上で自由主義経済において儲けを出すこ
とができる企業は，ビジネスの社会的責任を十分果たしていることになる。
このフリードマンの考え方は，第7章で取り上げたリバタリアニズムに立っ
ている。また彼の経済に対する考え方は，アメリカのレーガン政権における
経済政策にも影響を与えた。
　一方，現在では多くの企業が**企業の社会的責任**（CSR: Corporate Social
Responsibility）に取り組んでいる。CSRには，コーポレート・ガバナンス

　＊1　M. フリードマン『資本主義と自由』村井章子訳，日経BPクラシックス

やコンプライアンスといった，フリードマンが「ゲームの規則（市場のルール）」と呼ぶものに近い内容も含まれるが，環境への負荷低減や労働環境の改善といった側面（フリードマンの言う「ビジネスの社会的責任」には属さない領域）も存在する。ではなぜ，一見すると「利益の増大」につながらないような社会的責任を企業は追求するのだろうか。またこのような企業行動に対して，技術はどのような倫理的意味を持つのだろうか。

2　技術と市場

　先ほどのフリードマンの引用にも登場した「自由主義経済体制」とは，「市場経済」すなわち市場を通じて財・サービスの取引が自由に行われる経済を指している。よって自由主義経済体制における企業による経済活動は，市場（資本原理）によって影響を受けている。しかし現代の経済学では，企業の経済活動を純粋な資本原理だけから説明することは困難であると考えられている。市場（資本原理）は経済活動に対する最も重要な因子であるが，さらに企業による自治や，市民的アプローチに対する応答，公権力（司法・行政・立法）による介入などの要素が影響することも想定されるからである。

　例えば，「自分たちだけが儲かればそれでいい」と考え，粗悪品を高値で売るA社があったとする。そこへ「お客様へのサービスを第一に考える」とうたい，良質な製品を安価に提供するB社が現れたとしたら，B社の製品はユーザーの心をつかみ，A社はB社に市場のシェアを奪われることになるだろう。この段階が，最も単純な市場のみに影響された自由競争である。しかしやがて経済活動には，顧客との関係の内にとどまらない活動，すなわち顧客でない人々へも配慮した企業活動も生じてくる。例えば地球環境への

＊2　企業倫理を専門とする梅津光弘によれば，ビジネス倫理を促進・支援する企業による自治（企業内制度）として，①コーポレート・ガバナンス的アプローチ（株主総会の機能改善，監査役の機能強化など），②コンプライアンス的アプローチ（企業行動憲章，倫理綱領等の策定，企業内教育など），③ヴァリュー・シェアリング的アプローチ（企業理念，行動原則の策定，倫理専門部署の設置など）の三つが挙げられる（梅津光弘『現代社会の倫理を考える〈3〉ビジネスの倫理学』丸善，2002年，132頁）。ただし，②や③については一企業に限らず，業界団体などの自治にも適用される場合がある。いずれのアプローチもトップマネジメントから発信されるものであるため，企業の技術開発方針に対しても大きな影響を及ぼす。

配慮や，社内や下請け会社の労働環境の適正化などである。この段階が，市場（資本原理）だけでない，多様な因子による影響を受けた経済活動である。

　技術の多数は，（大学や公的機関による純粋な学問研究の成果という場合もあるが）企業の経済活動の一環としての成果である。したがって技術も企業そのものと同様に，市場（資本原理）やその他の多様な因子による影響を受けているのである。

　ここで重要なことは，企業や技術者の活動が広く外部に対して開かれるようになってきたこと，すなわち企業活動が，その対象を自社以外，顧客以外を想定したものに変化しつつあるということだ。それでは，企業における技術開発が外部環境に対して開かれてきた最近の事例について見てみよう。

3　技術開発と外部環境

　2015年9月の国連サミットにおいて採択された「持続可能な開発のための2030アジェンダ」の中で，2030年までの国際目標として**持続可能な開発目標**（**SDGs**）が掲げられた。[*3] SDGs は，持続可能な世界を実現するための17のゴールと169のターゲットから構成され，日本を含む先進国と開発途上国の両者が共に取り組む目標となっている（「持続可能性」については，本書第14章も参照のこと）。

　国連における SDGs の採択を受け，民間企業でも SDGs に掲げられた目標の達成に向けた取り組みが始まっている。東証第一部上場企業を中心に構成される経済団体である**日本経済団体連合会**（**経団連**）は，2017年に「企業行動憲章」の一部を改定し，「これまで同様，企業倫理や社会的責任には十分配慮しつつ，それらを超えて持続可能な社会の実現を牽引（けんいん）する役割を担う」ことを明示した。[*4]

　経団連は「革新技術を最大限活用し，人々の暮らしや社会全体を最適化した未来社会の実現」を目標に掲げ，この目標に描かれている「経済成長と社

＊3　SDGs についての詳細は，外務省の下記ウェブサイトを参照。http://www.mofa.go.jp/mofaj/gaiko/oda/about/doukou/page23_000779.html

＊4　SDGs に関連した企業行動憲章の主な改訂箇所は，①サブタイトルを「持続可能な社会の実現のために」へ変更，②イノベーションを発揮して，持続可能な経済成長と社会的課題の解決を図ることを新たに追加（第1条）の2点である。

SDGsの17の目標とロゴ

会的課題の解決が両立する未来社会」の姿が，「国連で掲げられたSDGsの理念とも軌を一にするもの」であると主張している。したがって，経団連（または経団連加盟企業）は，SDGsに掲げられている各目標が，直接的に利潤の増大に役立つものでなかったとしても，間接的には利潤の増大に資する（すなわち経済成長と社会的課題の解決が両立する）ことを期待しているということだ。

　実際，環境（Environment）や社会（Social），企業統治（Governance）などの非財務情報も考慮しつつ，収益を追求する**ESG投資**と呼ばれる投資手法が世界規模で拡大している。現在，全世界の資産運用残高のうち約3割がESG要素を考慮しているといわれており，特に欧州では約6割を占めている。ESG投資の増加からも分かるように，市場においても，企業が環境・社会・企業統治などへどれだけ配慮しているかといった非財務情報が，長期的な企業価値の最大化に寄与すると捉えられている。しかし，SDGsに掲げられた様々な目標のどれを選択するかは，各企業にゆだねられている（一企業がSDGsに掲げられた17の目標すべてに取り組む必要はない）ため，取り

＊5　cf. 星野聡子・齋宮義隆「グローバルなESG投資の潮流と日本の展望」『三菱UFJ信託資産運用情報』2016年1月号。

第8章　ビジネスは誰のためか？　　95

組みの難しい目標（多くの支出が必要な課題，市場へのアピールが小さい課題など）には，どの企業も手を出さないということも考えられる。

4　市場への信頼

　企業や投資家は，SDGs の目標達成に寄与するようなアクションを起こすことが，長期的には企業の利潤を増大させると考えている。しかし，これもまた市場原理への信頼の証に過ぎないのかもしれない。目先の利益追求が長期的な利益追求に変化したのみで，利潤を拡大することには変わりがないからである。市場においては，企業と投資家との倫理的選択が合理的になされるだろうという信頼によって投資が増え，結果として企業の利潤を増大させることとなり，それはさらに合理的な市場への信頼を強化することになる。つまり実際に存在するかどうかとか，事実かどうかに関わりなく，市場における経済活動は，期待と信頼という目に見えないものに依拠しているのである。経済学者マンキュー（Nicholas Gregory Mankiw）は，「経済学の10大原理」を次のように示している。[*6]

【経済学の10大原理】

・人々はどのように意思決定するか。
1．人々は，トレードオフに直面している
2．あるものの費用は，それを得るために放棄したものの価値である
3．合理的な人々は，限界原理に基づいて考える
4．人々は，様々なインセンティブ（誘因）に反応する

・人々はどのように影響し合うのか。
1．交易は，全ての人々をより豊かにできる
2．市場は，通常は経済活動を組織する良策である
3．政府は，市場のもたらす成果を改善できることもある

---

*6　N.G.マンキュー『経済学1　ミクロ編（第3版）』足立英之他訳，東洋経済新報社，2013年。

・経済は全体としてどのように動いているか。

1. 一国の生活水準は財・サービスの生産能力に依存している

2. 政府が紙幣を印刷し過ぎると物価が上昇する

3. 社会はインフレと失業率の短期的なトレードオフに直面している

　これらの原則からも分かるように，市場においては，「合理的な」人々が，**トレードオフ**の関係にある物事を適切に判断しつづけることによって，経済状況は「より豊かに」なると想定されている。トレードオフとは，二つ以上の目的がある場合，どちらか一つを実現しようとするともう一つが犠牲になることを指す。例えば社会保障を充実させるならば，増税が必要となるようなケースだ。そして合理的な人々は，限界便益（ベネフィット）を限界費用（コスト）と比較し，利益が上回るような選択を行う（限界原理に基づいて考える）。例えば航空会社は，飛行機の出発時刻が迫っている時，驚くような低価格でチケットを販売することがある。これは空席のまま飛行機を飛ばすよりも，わずかでもコストを回収したほうがまし，というトレードオフの関係から判断した結果である。だからこそ市場は，「経済活動を組織する良策である」という信頼を得ることになる。

　さらに経済学者は，市場での交易の結果として，「ある人の効用（満足）を増やそうとすると，それ以外の人の効用を減らさざるを得ない理論的状態」が訪れることを想定する（**パレート最適**）。一部の経済学者たちは，このパレート最適こそが，市場によって目指されるべき豊かな社会であると考えていた。なぜならパレート最適は，誰かの満足を減らして奪い取ってこない限り，他の人の効用が増えないわけだから，その集団内では資源が全く無駄なく配分されている状態を意味するからである。逆に誰かの満足を減らすことなしに，他の人の効用が上がるとしたら，そこには資源が無駄に遊んでいたということになる。このようにパレート最適とは，資源をいかに効率的に配分できているかを示すものである。たしかにパレート最適は（実現するかどうかの議論は別として），適切な資源配分に関する一つの考え方かもしれない。しかし本当にパレート最適は，「すべての人々がより豊かな状態」という夢のような状態だと言えるのだろうか？

第 8 章　ビジネスは誰のためか？　　97

5　アマルティア・センの経済学

　1998年にノーベル経済学賞を受賞したインド出身のセン（Amartya Sen）
は，パレート最適が個人の選好しか考慮していないことに着目し，次のよう
に述べている。

　　個人の選好の背後にある動機づけや選好の因果関係にまで立ち入らない
　　で，はたして選好順序だけを根拠にして社会的判断を下すことが可能な
　　のか，まさしくここに根本的な問題がある。（中略）一見どんなに魅力
　　があろうとも（パレート原理は確かにそうなのだが），個人がたまたま
　　示した選好以外には何も考慮しない原理は，ほんらい基本的な [＝普遍
　　化可能な] ものではない。[*7]

　このようなパレート最適は，選好の充足を指標にする点で，第5章で学ん
だ功利主義と同様に経済的効率を示すものではあるが，それが果たして公正
な分配であるかどうかは保証されない。センによれば，金持ちの人の贅沢を
制限しない限り，極貧にある人の生活を向上させられないとしたら，それも
パレート最適である，ということになってしまうからである。[*8]
　そしてセンは，パレート最適のみに依拠する理論と，マンキューが述べて
いたような従来の経済学における「合理的に行動する人」という想定とを合
わせて，「合理的な愚か者（rational fool）」と呼び批判している。[*9] 人間が合
理的な理由以外で動くことは当然あり得る。センは，人間の経済行動には，
自分の選好を満たして効用を増やすという合理性以外に，他者への共感やコ
ミットメント[*10]といった要素も含まれていることを指摘する。すなわち経済活

---

　*7　A. セン『合理的な愚か者——経済学＝倫理学的探究』大庭健・川本隆史訳，勁
　　　草書房，2006年，62頁。
　*8　A. セン『アマルティア・セン講義　経済学と倫理学』徳永澄憲・松本保美・青
　　　山浩城訳，ちくま学芸文庫，2016年，58-59頁。
　*9　A. セン『合理的な愚か者——経済学＝倫理学的探究』前出，146頁。
　*10　コミットメントとは，自己の利益にならなくとも，自分が重要であると思うもの
　　　のために関与することである。例えば，児童労働に反対だからフェアトレードの商
　　　品を選ぶ等。

動においても，人間は自分の得にならなくても，価値があると考えることを実現しようとする場合があるというのだ。

またセンは，単なる財の豊かさ（＝お金があること）に終わらない，「豊かな生」を構成する人間の機能（functionings）や，豊かな生を追求できる**潜在能力**（capabilities）も考慮して，豊かで平等な社会の姿を描こうとする。豊かな生を構成する要素としては，「予防可能な病気にかかっていないか」，「自尊心を持っているか」，「社会生活に参加しているか」等といったことが挙げられる。センによれば平等な社会とは，各人の所得が同一な社会のことではなく，各人が潜在能力を十分に発揮して豊かな生を追求できる社会である[11]。例えば，病気や障がいのある人は，健康な人と同じだけの所得があったとしても，適切な医療やケアが得られなければ，その潜在能力を発揮することはできない。

またセンは，市場経済への参加能力が，公的な要因に左右されることも指摘している[12]。例えば，アメリカ国内で不利な立場に置かれているアフリカ系アメリカ人のグループにおける貧困状況は，国内の白人グループに比べて貧しいものの，開発途上国の人々より，所得としては豊かである。しかし事故や変死などの非自然死亡率が高いため，熟年到達率は，開発途上国の人々より低い。そこでセンは，社会保障サービスや医療保険などの公的な制度も，市場経済への参加能力を左右する重要な要素と捉えている。

したがってセンは，経済開発もまた，国民総生産（GNP：Gross National Product）や個人の所得を増やすこと，あるいは技術の進歩といったことを目的とするのではなく，「政治参加の自由」「基礎教育や医療を受ける機会」「女性の経済的自立を可能にする雇用」「子どもが教育を受ける権利」等の拡大と保障を目指すべきであると主張する。センにとって GNP や個人所得の上昇といった財の増大は，自由を拡大するための手段に過ぎないからである[13]。簡単に言えば，お金は個々人にとっての真の豊かさや自由を実現するためのツールだ。経済成長の指標を考える上では，単に所得の増大だけでもなく，

---

*11　A. セン『不平等の再検討――潜在能力と自由』池本幸生・野上裕生・佐藤仁訳，岩波書店，1999年。

*12　A. セン『グローバリゼーションと人間の安全保障』加藤幹雄訳，ちくま学芸文庫，2017年，58－59頁。

*13　A. セン『自由と経済開発』石塚雅彦訳，日本経済新聞社，2000年。

国民総生産の上昇だけでもなく，その結果，人々はどのようなことができるようになったのか，つまり潜在能力の実現という要素も考慮しなくてはならないのである。

　それではあらためて，技術開発が目指すべきものについて考えてみよう。「利潤の増大を目的として開発された技術」は，フリードマンから見れば，十分に社会的責任を果たしている。一方センの考えに照らせば，技術は企業の売り上げに直結し，GNP や個人所得の上昇へとつながるが，これらは最終目標ではない。技術は，各人が潜在能力を十分に発揮して，豊かな生を追求できる社会を実現するための手段（の候補）に過ぎない。しかもそこで得られる GNP や個人所得の上昇は，実際に何かができるようになるといった「実質的な自由」を拡大するとは限らない。例えば，支配体制の人々だけが恩恵を得るなど，逆に自由の拡大が阻害される可能性もある。そこで，技術開発によるグローバル経済の恩恵が容認可能な形で配分されているか，開発途上国内の貧困層へのより公平な配分が保証できるか，といった観点で経済活動や技術開発を行うことが，技術者が果たす社会的責任において重要な要素となるのである。

6　国境を超える技術──「法人税のパラドクス」の終焉

　もう一つ，近年の経済状況における重要な課題を確認しておこう。ビジネスおよび技術開発のグローバル化である。これまで経済学・経営学において，イノベーション[*14]を誘発するためには，企業に対する法人税率を下げることが有効であると考えられてきた。企業の売り上げが一定であれば，法人税率を下げると税収は減少するはずである。しかしマクロ経済学では，法人税率を下げると投資が活発化し，それによって企業の売り上げが上昇し，むしろ税

[*14]　イノベーションとは，オーストリアの経済学者 J. シュンペーターによって定義された概念で，新しいものを生産すること，あるいは既存のものを新しい方法によって生産することであり，生産とは物や力を結合することであると定義される。シュンペーターはイノベーションの例として，①創造的活動による新製品開発，②新生産方法の導入，③新マーケットの開拓，④新たな資源（の供給源）の獲得，⑤組織の改革などを挙げる。ここで注目すべき点は，イノベーションとは，単なる技術革新にとどまるものではなく，新たな社会的価値を創造する可能性を持つということである。

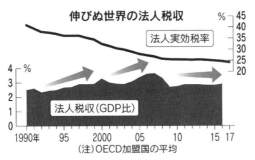

図1　伸びない法人税収（出所：『日本経済新聞（日曜版）』2018年3月25日付）

収が増えるという逆説（パラドックス）が知られていた。例えば1990-2000年代初頭にかけての欧州では，減税によって起業家精神（アントレプレナーシップ）が刺激され，投資が活発になった。また様々な税控除を縮減して，税金をかけられる範囲（課税ベース）を広げた結果，最終的には税収がアップした。法人税収は，企業の業績や国内総生産（GDP）と連動する傾向が強く，特に景気が回復する時期は，繰越欠損金（過去に生じた赤字の累積）を解消した企業が納税を再開するため，税収が伸びやすいのだ。

　しかし近年は，この「パラドックスという定説」が揺らいでいる。経済協力開発機構（OECD）によると，過去10年でOECD加盟国の法人実効税率（法人税に地方税を加えた税率）は3ポイント近く下がり，名目GDPは44％増えた。それにもかかわらず，法人税収の伸びはわずか半分の22％増にとどまり，法人税収がGDPに占める割合はむしろ低下した（図1参照）。

　「パラドックス」が通用しなくなってきている大きな理由は，世界経済のデジタル化である。アマゾンやグーグルなどのIT企業は，デジタルの特許や知的財産権を税率の低い国に移転することによって，優遇税制の恩恵を受けている。特許などの価値が創出される場所と，納税する場所を分離することで，租税負担を低く抑えているのである。

　ビジネスのグローバル化とデジタル技術の進展により，技術は以前よりも容易に国境を超えることができるようになった。すなわち，技術のもたらす影響や技術が受ける影響も，国境に縛られない。現代において，開発された技術は，開発者（販売者）の思惑を超えた場所で影響を及ぼす可能性があるということだ。ビジネスを介して容易に国境を超えるようになった技術を，

第8章　ビジネスは誰のためか？　　101

私たちはどのように考えればよいのだろうか。ある意味で技術革新が，経済学や倫理学に対して，新たな考え方をするよう迫ってきているとも言える。人間の経済活動や豊かさについて，あるいは正義や公正，平等について，私たちはこれまでとは異なる規模や視点で考えなくてはならなくなった。しかし，考慮の規模や配慮すべき対象が拡大しているものの，考えるべき課題は変わっていない。果たしてグローバルな正義，グローバルな豊かさとは，何だろうか？

7　グローバルな正義

　先進国である日本に住む私たちは，センの主張するような「豊かな生」や「実質的自由」を，ある程度享受している。一方，世界には多くの開発途上国のように，経済面では貧困に苦しみ，制度的にも人々が自由を得ることが難しい国々が存在する。インターネットをはじめとした技術の進歩により，開発途上国の困窮について情報を得ることは容易となった。ではこのような開発途上国の状況に対して，私たちはどのように向き合うべきだろうか。[15]

　ロールズに学びカントを研究した哲学者であるオニール（Onora O'Neill）は，国家を超えた道徳的配慮を行うべきであると述べている。オニールは，「国家の内部における正義」と，「国家対国家における正義」とを分ける考え方そのものが時代遅れであると言う。そして国家内部の政治単位，企業，国際機関，政府機関，NGO，職業団体，慈善団体など多様な組織体同士の活動や関係性の中で実現される正義，すなわち「トランスナショナルな正義」という概念を主張する。[16]「トランスナショナル」とは，「国民国家を超えた」

---

[15]　法哲学者の井上達夫は，著書『世界正義論』の中で二人の思想家を取り上げ，開発途上国における正義の実現について，先進国に住む人間はどのように行為すべきか，両者の考え方の違いを明らかにしている。P. シンガーは，先進国の人々は多大な犠牲を払わなくとも他者を助けられるのだから，開発途上国を支援すべきであると論じる（井上は，このシンガーの考え方を「積極的支援義務論」と呼ぶ。「積極的義務論」という言い方もある）。一方，T. ポッゲは，先進国の人々は開発途上国の貧困について，彼らを搾取し危害を与えてきた責任があるため，途上国が貧困から脱出する試みを支援すべきであると述べる（井上は，ポッゲの考え方を「制度的加害是正論」と呼ぶ。ポッゲの立場は，人に危害を加えてはならないという消極的義務であるため，「消極的義務論」と言われることもある）。井上達夫『世界正義論』筑摩書房，2012年。

という意味であり，世界の諸国家を包括する一つの正義が存在するかのようにもとれる「グローバルな正義」よりもラディカルに，国家という単位を超えることを目指す考え方である。

そしてオニールは，トランスナショナルな正義を実現する上で，技術の果たす役割についても注目している。

> 現代の技術と制度がなければ遠くの貧困を撲滅したり，削減したりすることは……困難であるか不可能である。（中略）現代の技術的・制度的な発展可能性によって，より広範でより距離のある介入が可能になっているばかりでなく，不可避のものとなっている。[*17]

さらにオニールは，トランスナショナルな正義の担い手としては，既存の一国家の枠内に収まらない，分散した個人と制度とをつなぐことで成立する「ネットワーク型制度」がふさわしいと考える。このネットワーク型制度には，国際 NGO のほか，国際金融システムや多国籍企業も含まれるという。近年登場した「仮想通貨」は，各国（各通貨）の中央銀行による金融支配とは全く異なる国際金融システムであり，その点では，オニールが予見したネットワーク型制度の一例と言ってよいだろう。

もちろん，ネットワーク型制度があるからといって，トランスナショナルな正義が自然と目指されるわけではない。グローバル企業に代表されるように，ネットワーク型制度だからこそ，徴税権など既存の国家が行使できた権力から逃れることも可能となってしまうからだ。しかしこのことは，国民国家が揺らぐ現代において，グローバル企業が一国家の権力をしのぐような影響力を持っていることを意味するのかもしれない。そのため技術者は，技術が経済活動を通して開発途上国に展開された時，それがどのような影響をもたらすか，その行方にも責任があるということになる。技術者が優先すべき「公衆」の規模も，グローバルに拡大しているのだ。

---

*16　O. オニール『正義の境界』神島裕子訳，みすず書房，2016年。ロールズの正義概念については，本書第 7 章を参照。

*17　同前，146 - 147頁。

第 8 章　ビジネスは誰のためか？　　103

◉まとめ

　技術は，多くは企業による経済活動をとおして，市場の影響を受けつつ，開発される。近年では，企業がいかに社会的責任を果たしているかどうかが評価され，市場価値となっている。そして企業が果たす社会的責任は，ITなどの技術革新に伴い，グローバルに拡大している。また経済学においても，パレート最適という判断基準の限界を指摘し，所得の増大やGNPの上昇といった指標以外の要素に注目する，センのような考え方も高く評価されている。日本社会においても，株価やGNP上昇といった「経済成長」の指標を示されても，私たちに様々なことができる自由が本当にあるのか，生きる豊かさを実感する社会であるのかどうか，疑わしく思う人も多いだろう。

　そしてグローバル企業の中には，デジタル資産の移転などにより，法人税負担を軽くするなどの動きもある。これは技術の変化に伴い，資産の移転が容易になったことの弊害である。技術者は，技術開発において，責任を負うべき対象がグローバルに拡大していることを自覚し，どのようにしたら公衆の福利を促進できるのかを考えていく必要がある。

◉それでも残る問い～発展学習～

　オニールのように，多国籍企業について，正義の実現可能性の観点から高く評価する論者もいる。しかし実際には，多くの多国籍企業が税制上のメリットを最大化するため，法人税率の低い国を本社所在地に選んで納税する傾向が強い。また，株主を中心としたステークホルダーが企業に抱く最大の期待は，株価上昇に直結することであり，利潤の増大が株価に対し，短期間に最も効果を示すことは間違いない。よってSDGsが掲げる目標のうち，取り組みが困難なものに挑戦するような企業が評価されない場合もある。はたしてステークホルダーの短期的期待と，正義への指向をどのように調停することができるだろうか。

■より学びを深めたい人への読書案内

A. セン『合理的な愚か者——経済学＝倫理学的探究』大庭健・川本隆史訳，勁草書房，2006年

A. セン『アマルティア・セン講義　経済学と倫理学』徳永澄憲・松本保美・青山浩城訳，ちくま学芸文庫，2016年

A. セン『自由と経済開発』石塚雅彦訳，日本経済新聞社，2000年

O. オニール『正義の境界』神島裕子訳，みすず書房，2016年

N. G. マンキュー『経済学1　ミクロ編（第3版）』足立英之他訳，東洋経済新報社，2013年

井上達夫『世界正義論』筑摩書房，2012年

宇佐美誠編『グローバルな正義』勁草書房，2014年

第**9**章

技術が社会を変えるのか？
社会が技術を変えるのか？

技術と政治，技術と社会的多様性

【学習目標】
☞技術が，多様な人々のニーズに応える力を持つことを理解する。
☞人工物や空間の設計が，政治社会と密接な関係を持つことを理解する。

【キーワード】
☞社会構成主義　多様性　バリアフリー　ユニバーサルデザイン

🐶 今日は，遠くの公園に散歩に行ったんだ。

🐱 ヴェリタス君は，いつも同じ公園に行くんじゃないのか？

🐶 ここではないどこかへ，行ってみたいじゃない。

🐱 そうか？　俺は，毎日同じ時間に同じことをするのが好きだね。

🐶 結局，お供のヒトが迷っちゃったみたいだから，僕が家まで連れて帰ってやったよ。

🐱 ……。ヒトって，スマートフォンみたいな道具がないと何もできないんだな。俺たち動物は，頭の中に地図が入っているから，絶対に迷わないけどね。

🐶 ヒトの研究によると，彼らの視力は犬と同レベル。鼻にいたっては，犬の100万分の1から1億分の1程度の能力しかないみたいだよ。

🐱 猫の自慢は聴力だな。ヒトが聞き取れる範囲は2万ヘルツまで，犬では4万ヘルツ，猫は10万ヘルツ以上の高音まで聞こえるんだ。猫

> に鈴をつけるのは古いよね。うるさくって仕方ない。
> 🐶 ヒトって，ルクス君が聴こえるものや，僕が嗅げるものが分からないんだね。
> 🐱 だから彼らは道具がないと生きられないのさ。

1　人工物による私たちの生活への影響

　ヴェリタス君とルクス君が陰でささやいていたように，人間は様々な人工物を造り出し，不十分な身体機能を補って暮らしている。人間は健常であったとしても，他の生物と比して身体能力が劣っているケースは多い。現在のところ，史上最速のヒトであるウサイン・ボルトの走力も，最速の動物であるチーターには敵わないのだ。空を飛ぶことも，多くの鳥類や虫にとってはたやすいことだが，人類にとっては長年の夢だった。

　ルネサンス期の万能の芸術家でエンジニアでもあったレオナルド・ダ・ヴィンチは，鳥の飛行を観察し，はばたき式の翼（オーニソプター）を人が装着して飛ぶ「飛行機」の設計を試みている（『鳥の飛翔に関する手稿』）。残念ながら実現はしなかったが，何らかの器具や人工物を開発することによって，人間の生来の身体能力を超えようとする営みは，技術開発の根幹をなしている。人間は，身体能力を知力や人工物の力によって補い，道具を持たない他の動物たちより多くの自由を手に入れてきたとも言える。

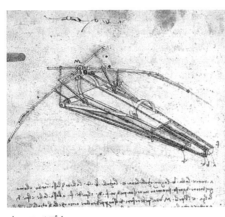

オーニソプター

　スマートフォンを例に考えてみよう。スマホに地図アプリを入れておけば，見知らぬ外国の街でも瞬時に情報を入手しつつ，目的の場所にたどり着くことができる。翻訳アプリや辞書アプリがあれば，日本語話者ではない人々とのコミュニケーションも容易だ。また報道の自由が制限された国の人々にとって，ス

マホは貴重なニュースソースであり，SNSによって他者と連帯することができるツールでもある（2010年から2012年にかけて起こった「アラブの春」がよい例だろう）。またスマホのアプリ開発は，従来よりもわずかな投資と短い期間で，新たなビジネスを生み出すことができるといわれている。

　他にも技術は，先天的に持たなかった（あるいは失われた）器質的な問題を解決する場合がある[*1]。眼鏡やコンタクトレンズといった医療機器は，人間の器質的問題を解決している人工物の代表例だ。

　これらの医療機器は，明確に器質的問題の解決を目指して開発された技術であるが，技術の中には市場に出た後で，当初，開発者たちが気づいていなかったメリットを獲得したものもある。例えば，携帯電話に付随するショートメール機能やメール送受信機能は，聴覚障がいのある人々のコミュニケーションを容易にすることに貢献したし[*2]，デバイスの音声読み上げ機能は，視覚障がいのある人々の情報へのアクセスしやすさの向上に大きく寄与したのである。私たちの生活は，言うまでもなく技術から大きな影響を受けているのだ。

2　技術が社会を変えるのか？　社会が技術を変えるのか？

　哲学者たちは，技術が人々の生活に大きな影響を与えているという事実をめぐって，技術と社会のあり方を考える仕方をいくつか提案している。

　一つは，技術が社会のあり方を決めていくという考え方で，これを**技術決定論**という。この説では，高度経済成長期における家電製品の導入が，家事の位置づけや女性の生き方を変えたなどの事例が論拠となる。逆に，社会が技術のあり方を決定するという説をとる学者たちもいる。これを**社会決定論**という。同じ技術でも，社会によって受容のされ方が様々に異なる場合があるからである。

＊1　「器質的」とは，障害や病気の要因が，ある身体器官にあることが物理的に特定できることをいう。

＊2　聴覚障がいのある人々のコミュニケーションを一変させた人工物としては，FAX機能が最初だった。しかしFAXの場合は，通信のプライバシーを保つことが難しいことと，在宅していなければ内容を確認できないというデメリットがあったが，ショートメールの登場は，これらの問題を一掃するものであった。

これら二つの説に対し，技術と社会は密接不可分であり，どちらが優勢とはいえないという考え方もある。これを**社会構成主義**と言い，多くの論者がこの説を支持している。この立場では，社会は技術によって決定されるわけではないし，技術が社会によって決定されるわけでもない。社会は技術の内容そのものを構成し，技術製品の定義それ自体を作り出すことがある。つまり社会の人々の要請によって，新たな技術が作り出されるということだ。他方で社会学者ラトゥール（Bruno Latour）は，社会構成主義に「アクターネットワーク理論」という自説を取り入れ，道具や機械も社会を構成する「行為者（アクター）」として機能することを指摘している。ラトゥールによれば，「自動車は左側通行をする」といった社会秩序も，標識や道路設計などの人工物による支援なくして実現しえない。

　また村田純一は，技術と社会を人間の心と体にたとえて，社会構成主義を分かりやすく説明している。

　　心とからだは独立した実体ではなく，一つの実体（例えば人格）の不可
　　分の側面であることが強調されているように，この考え方でも，社会と
　　技術は，基本的な位置を占める社会・技術ネットワークの不可分な二つ
　　の側面をなす。[*3]

　このように技術と社会は，それぞれの特性を維持しながら，社会と技術で不可分のシステムを形成しているということができるだろう。

3　障がいと公共空間

　技術と社会の間に密接な関係があるとすれば，どのような社会を形成していったらよいかを問うためには，私たちの技術に対する考え方と，社会に対する考え方の両方を精査する必要があるだろう。先ほど紹介したショートメールやデバイスの音声読み上げ機能は，開発者の主目的とは離れて，技術そのものが「アクター」として機能した結果，障がいを持った人々の暮らしよさを改善したものと考えることができる。では，障がいを持った人々を含

＊3　村田純一『技術の哲学』岩波書店，2009年，125頁。

めた社会的マイノリティのために技術が果たすべき役割として，技術そのものがアクターとして機能することに期待すれば十分なのだろうか。むしろ私たちの社会に対する考え方が，特定の人々を排除してしまう場合もあるのではないだろうか。例えば，道路や公共交通機関のように公共性の高い人工物の場合，どのようにそれらを整備するかによって，特定の人々にとって使いにくくなり，結果的にその社会空間から彼らを排除する可能性につながることがある。

　ヌスバウム（Martha C. Nussbaum）という哲学者は，ロールズが提唱した正義論を継承しつつ批判し，中でもロールズが社会において「理性的で健常な人」だけを想定していると指摘している。ロールズがいう公正な社会を目指すならば，健常な人とは異なるニーズを持つ障がいのある人々が，**基本財**における教育や雇用，富などを，特別教育や雇用を可能にするためのアクセス手段や，ケアを受けるための費用などの形として獲得するのでなければ，平等な分配が実現していることにはならない。

　さらにヌスバウムは，目が見えないことや歩行ができない等の状態は，身体的な「器質的損傷（impairment）」であり，「正常な身体的機能が失われたこと」と捉える。しかしこの事実が，「障がい（disability）」となるのは，「器質的損傷の結果として当人がおかれた環境ではなされえないことが生じる」ためであり，その結果競争面での相対的不利が生まれ，その人の「ハンディキャップ」へとつながる。このようなヌスバウムの考え方によれば，器質的損傷が当事者に不利益となるのは，社会の側に要因があることになる。健常とされる人は，技術や人工物による支援によって生産性を獲得している。例えば健常な人々は仕事や学業において，パソコンやタブレット機器，公共交通機関などの移動手段を当たり前のように使用している。しかしそれらの使用を当たり前と感じるのは，技術や人工物，あるいは公共空間が健常な人に合わせて設計されているケースが多いためだとも考えられる。ヌスバウムは次のように述べ，人々が実際になしえたり，なりえたりする可能力（capability）に焦点を当てる**ケイパビリティ・アプローチ**という考え方を社会政策に導入することを提唱している。

　　例外的な障がいのある人々が用いているプロテーゼ（人工器官）の便宜を図るようには，公共空間は整えられていない。私たちは道を舗装し，

バス路線を設けるけれども，それと同時に車いす用のスロープや，バスにおける車いす用の設備を，整えそこねてばかりである。私たちは「健常者」を「生産的」とみなすために，仕事関連の活動のすべてをメカニカルな支援なしに遂行する能力を実証するよう，「健常者」に対して要求することは決してない。公共空間は包摂に関する諸観念の所産である。[*4]

　1960年代以降のフェミニズム思想・活動において，「個人的なことは政治的なこと（The personal is political）」というスローガンが用いられた。これは女性が抱える雇用や家族のあり方などの課題は，決して女性個々人で解決するべき課題ではなく社会全体の問題であり，政治的課題として取り組まなければ，解決不可能なものであることを指摘する内容である。同様に，障がいのある人が抱える課題は，社会において生じてくる困難であって，個人の問題のみに帰するものではない。
　一方，自分とは異なる他者になぜそこまで配慮しなければならないのか，と疑問に思う人もいるかもしれない。社会全体における他者，特に障がいを持つ人への配慮はなぜ必要なのだろうか。自分も年を取ったら体が不自由になる可能性があるから，障がいのある人に配慮すべきだと考える人もいるだろう。しかしこのような理由からは「多様な人々の暮らしやすさ」ではなく，高齢者にとって便利な設計が目指されるに過ぎない。統計を考慮すれば，私たちは高齢のため足腰が弱くなることは多くとも，一生涯のうちに失明したり完全に耳が聴こえなくなったりすることは少ない。それでは視覚や聴覚に障がいのある人を考慮した社会の設計は不要なのだろうか。しかし健常な人であっても，私たちは多くの他者からケアや助力を受け，何らかの技術や人工物の助けなしには生きられない。その点で，健常な人と障がいのある人とを異なる存在として区別するロジックは根拠を欠くのである。

4　ユニバーサルデザインの可能性

　技術者は，多様な人々のニーズに対し，それを人工物として実現することが可能である。よく耳にする**バリアフリー**とは，「バリア（障壁）」をなくす

---

*4　M. C. ヌスバウム『正義のフロンティア——障碍者・外国人・動物という境界を越えて』神島裕子訳，法政大学出版局，2012年，137頁。

という意味で，障がいのある人々が社会的なバリアのため，自由な活動を制限されているという発想のもと推進されてきた。しかしバリアフリーに基づいて作られたものは，車いす用階段昇降機やバス出入り口のスロープ板など，健常な人は使用できないもの（使用する意味のないもの）もある。しかしエレベーターや，乗降時にエアサスペンションを用いて車高を下げるニーリング機能を持つノンステップバスならば，誰でも快適に使用することが可能である。このように，多様な人々の使いやすさを目指す設計は，「**ユニバーサルデザイン**」と呼ばれる。「ユニバーサル」とは，普遍的という意味で，健常な人や障がいのある人を含め，あらゆる人々にとっての暮らしやすさを実現するものとして，近年注目されている。

　ユニバーサルデザインの特性の一つは，誰にでも安全で使いやすいものであることだ。そこで「**フェールセーフ（失敗しても安全）**」や「**フールプルーフ（馬鹿な使い方をしても大丈夫）**」といった安全設計がなされていることが必要条件となる。しかしそれだけでは，通常の人工物の設計と変わらない。ユニバーサルデザインの二つ目の特性は，使用者の多様なニーズや使い方に答えられるよう，「使用方法の柔軟性」があるという点である。そして三つ目の特徴として，ユニバーサルデザインの製品には，完成したらすべて終わりではなく，使用者と共に製品を改善していく「プロセス性」がある[*5]ことだ。村田純一は，このプロセス性について，むしろどんな設計も「ユニバーサル」ではありえないという現実を常に忘れずに，そのつど実現される設計の不十分さを改良していく態度，そしてそのようなプロセスを可能にしていく仕組みのことであると説明する[*6]。よってユニバーサルデザインは，「設計者と使用者との共同作業」であり「民主主義的な設計思想」ということになる。このような設計思想は，結局いかなる人工物の設計においても必要とされる考え方ではないだろうか。

　それでは，技術者に対して優れたユニバーサルデザインを求め，設計された人工物を公共空間に導入しさえすれば，私たちは障がいのある人に対してなすべき責任を果たしていると言えるのだろうか。意外に思う人もいるかもしれないが，ユニバーサルデザインやバリアフリーの先進国であるヨーロッ

＊5　村田純一『現代社会の倫理を考える〈13〉技術の倫理学』丸善，2006年，142-147頁。
＊6　同前，146頁。

パの多くの国では，日本ほど道路整備やスロープ化が進んでいない所も見られる（昔ながらの石畳が使われている）。またヨーロッパの公共交通機関は，日本のような案内板や表示，丁寧なアナウンスなどがないのが通例だ。しかしヨーロッパの国々では，社会の中で困っている人がいれば，その人が見知らぬ人であっても援助することを惜しまない文化や慣習が強くあるため，障がいのある人を気軽に援助し，外国からの旅行者にも困っていないか声をかける人々が多くいる。その意味では，ヨーロッパでは人的資源がユニバーサル化を一部担っている側面があるともいえる。ヨーロッパと日本の社会の対比から見えてくることは，社会インフラへのユニバーサルデザイン導入を推進し，技術のみに「ユニバーサル化」を任せてしまうことの問題点だ。私たちは，使いやすいものに囲まれる一方，支援の本質にある他者への共感や，他者に対する応答責任が失われた社会を望ましいと思うだろうか。

　どのような社会を形成するかは，技術の力のみでなく，私たち自身が他者をどう遇するか（遇すべきと考えるか），また他者との関係性に基づいて構成される社会はどのようにあるべきか，という考え方が大きく影響しているのである。

5　人工物と政治社会

　ウィナー（Langdon Winner）という政治科学者は，1986年に「人工物に政治はあるか？」という論文を発表している。技術が生み出す人工物と政治に何の関係があるのか，疑問に思う人もいるかもしれない。しかしウィナーは次のような実例を挙げている。米国のニューヨーク市から大西洋に面して突き出た島ロングアイランドへ向かう高速道路には，8本の橋が架かっている（中でもクイーンズボロ橋が観光スポットとして有名だ）。これらの橋は大型車が通行できないような高さに設計されている。ウィナーによれば，それは，低所得者の多いアフリカ系市民がロングアイランドビーチへ流入しないよう，設計者 R. モーゼスが意図したためだという。つまり大型バスのような公共交通機関しか使うことのできない低所得者を，設計思想によって締め出していることになる。[7]

＊7　村田純一『現代社会の倫理を考える〈13〉技術の倫理学』前出，131頁。A. フィーンバーグ『技術への問い』直江清隆訳，岩波書店，2004年，115頁。

このように人工物，中でも建設物や都市計画は，ある意図に基づいて設計することにより，特定の人々を排除するような権力や政治的意味を持つようにもなる。人工物の政治性を排除の方向に持たせた事例は，私たちの身近にもある。例えば，都会の中にある公園では，中央に仕切りがつけられたベンチを目に

東京拘置所（出所：『毎日新聞（デジタル版）』2018年3月14日付）

することがある。建築史家の五十嵐太郎によれば，これはホームレスを都市から排除するための「装置」であるという。さらに五十嵐は，似たような装置として，新宿駅西口地下街の通路にある「アート風オブジェ」や，銀座の地下通路にある「かわいらしい動物の彫刻」といった事例を挙げる。[*8] 人工物に，利便性，芸術性，かわいらしさといった意味を付与することは，ある特定の人々（ホームレス）を排除しながらも，その政治性を隠す試みなのかもしれない。

また特定の人を排除する意図ではないものの，設計者の望むように人々を誘導するような人工物は他にもある。道路表面に突起などを作ることによって，運転者の注意を喚起したり，スピードを落とさせたりすることを目的とした人工物はあちこちに設置されている。これは安全上有効な手段とも思える。公園や学校などで犯罪抑止のため，死角をなくした建物や植栽の設置などの工夫も見られる。近年では，いじめをなくすために死角のない円形の校舎を設置するような学校もあるようだ。子どもたちの安全のためとはいえ，ここまでいくと，ベンサムの一望監視システム（パノプティコン）を連想させるのに十分だ。[*9] フーコーは，『監獄の誕生』の中で，学校や工場，軍隊や刑務所のような権力空間はどれも同じような形状をしていると指摘した。日本の東京拘置所はその実例で，上から見ると放射状の形状となっている。ま

---

*8 　五十嵐太郎『過防備都市（中公新書ラクレ）』中央公論新社，2004年，70頁。
*9 　学校内でいじめがなくなったとしても，校外で同様の行為が行われることは阻止できない。ましてやLINEやTwitterのようなSNS空間でのいじめはどう防ぐのだろうか？

第9章　技術が社会を変えるのか？　社会が技術を変えるのか？　　115

米国国防総省（ペンタゴン）

ニュルンベルク党大会会場

た米国国防総省（ペンタゴン）は，その名のとおり五角形をしているが，内部が回廊で結ばれているため，建物内の水平移動はどこでも最大10分でアクセスできるように設計されている。

また建造物には，国力を誇示するという設計思想に基づくものも多々ある。古くは王家の力を示すピラミッド，また世界万博の際，フランスが近代国家であることをアピールするために建設されたエッフェル塔などがある。さらに，独裁的な権力を持った統治者は，建築マニアであることが多い。ローマ皇帝ネロや，ギリシャ神殿を模した巨大な建造物（ニュルンベルク党大会会場等）を遺したヒトラーが代表的だ。他にもドイツ・バイエルン王家のルートヴィヒ2世は，豪華絢爛なノイシュヴァンシュタイン城の建設に血道をあげ，国家予算を破綻させたために退位させられている（しかし現在では，ノイシュヴァンシュタイン城はドイツ有数の観光資源となっている）。

このように建造物や公共空間は，政治的な意図が示される場合もある。しかしこのことは逆に，市民が公共空間の形成においてイニシアティブを取ることができれば，私たちにとっての暮らしよさや他者との関わりの多様性，誰であっても参与できる公共性等を体現する空間を構築できる可能性があるということだ。そしてそのような建築物や公共空間は，高度な技術によってはじめて形成されるのである。技術者も市民も，設計における民主主義の可能性を自覚し協働することで，多様な人々にとって暮らしよい人工物や空間を実現する可能性を手にしているのだ。

◉まとめ

　人工物は，人間の能力を補強し，活動の自由度を上げる機能を持っている。そのような観点から考えれば，「健常な人」と「障がいのある人」とは異なるものとして区別できない。

　そして人工物や空間の設計は，多様な人々を包摂したり，特定の人々を排除したりするという意味で，政治的・社会的な性格を有する。あらゆる人々の使いやすさを追求するユニバーサルデザインはすぐれた設計思想であるが，人工物や技術のみにコミュニケーションを委任してはならない。すべての人が住みやすい社会は，技術はもちろん，助け合いによって成立するからである。

◉それでも残る問い〜発展学習〜

　ユニバーサルデザインには，設計者と市民が共に関わる「プロセス性」があることが指摘されていた。しかしこのプロセスは自動的に進んでくれるものではなく，絶え間なくプロセスを循環させることは難しい。実際に技術開発は，必要なコストを賄うことができなければ成立しないし，開発プロセスも立ち行かない。コストを賄うためには，開発に要したコスト以上の利益がなければならないが，ユーザーが限られるマイノリティのためだけの製品は，売れる数も限られることが想定される。よって，すぐれたユニバーサルデザインの製品も，開発コストが通常の製品より増加する場合がある。ユニバーサルデザインの開発を支えるのは，コストの上乗せ分を含めた価格で購入してもよい，という「気前のいい消費者」だということになるのだろうか。

　また建築物となれば，莫大なコストを必要とする。独裁的な権力者の多くが建築マニアであったのは，単なる趣味にとどまらず，大規模建築そのものが，強大な権力者だけが動かせる莫大な資金が前提となることを示唆しているため，建築物によって権力を誇示する狙いもあっただろう。

　ユニバーサルデザインの開発や公共空間の整備に必要なコストは，誰が負担すればよいのだろうか。受益者が多く負担するのか，それとも社会の構成員が平等に負担するのだろうか。政治同様，このような技術開発にも民主的な手続きが必要であり，討議と合意に基づく決定が必要となるだろう。

■より学びを深めたい人への読書案内

村田純一『技術の哲学（岩波テキストブック）』岩波書店，2009年

村田純一『現代社会の倫理を考える〈13〉技術の倫理学』丸善，2006年

五十嵐太郎『過防備都市（中公新書ラクレ）』中央公論新社，2004年

渡邉泰彦『評伝ロバート・モーゼス——世界都市ニューヨークの創造主』鹿島出版会，2018年

A. フィーンバーグ『技術への問い』直江清隆訳，岩波書店，2004年

M. C. ヌスバウム『正義のフロンティア——障碍者・外国人・動物という境界を越えて』神島裕子訳，法政大学出版局，2012年

第 *10* 章

戦争は技術を進化させるのか？
技術と軍事開発

【学習目標】

☞科学者や技術者が，軍事研究に関係した歴史を踏まえ，現在のデュアルユースの問題と，科学者・技術者の責任について理解する。

【キーワード】

☞デュアルユース　軍事研究　マンハッタン計画

🐱ヒトは道具があったから賢くなったのか，賢いから道具を使うのか，どちらだろうね。

😺道具があったから，ヒトは毛皮や，爪や牙がたいしたことなくても，生き残ったんだろうな。

🐱火を使ったり，石器を作ったりね。斧とか槍とか，弓矢があれば，狩りもできる。

😺弓矢は狩りだけじゃなく，ヒトを殺す武器にもなる。しかし，鉄砲や大砲になってくると，狩りのためじゃないな。

🐱だんだん危険になっているね。

😺ヒトの道具は，一人で大勢のヒトをやっつけてしまうから，危険なんだよ。猫たちはケンカしたって，１対１のルールは守るけどな。

🐱ヒトって野蛮だな。１対１で我慢しておけばいいのに。

😺ヒトは「最も危険な生物」とも言われているらしいぞ。

🐱危ない道具をたくさん持っているからだな。

物理学者ピエール・キュリーは，1905年のノーベル物理学賞受賞講演で次のように語っている。

　　ラジウムが犯罪者の手に渡るときわめて危険な事態となるでしょう。ここで人類には，自然の秘密を知るということがよいことなのかどうか，それによって利益を得るだけわれわれは十分に成熟しているのかどうか，そしてこの知識が人類に有害にならないかどうか，そういった疑問が提起されているのです。[*1]

　ピエールは，妻のマリー・キュリーと共にノーベル物理学賞を受賞したが，ラジウム被爆による病に悩まされ，講演の1年後，パリで馬車に轢かれて亡くなった。残されたマリーは，ポロニウムとラジウムの発見により，1911年にノーベル化学賞を受賞している。彼女もまた放射線による影響で健康を害し，再生不良性貧血のため66歳で亡くなった。夫妻が生涯を捧げたのは，放射線の謎を解明する研究だった。20世紀初頭，世界の優秀な物理学者や化学者らは，競って新たな学問分野である核物理学に没頭していた。原子核の構造分析や，核分裂反応が引き起こす莫大なエネルギー放出のメカニズムの解明が，数十年のうちに進んだのである。はたして科学者たちは，この研究成果をもとにした原子爆弾や水素爆弾，核兵器の作製について，どこまで予見していたのだろうか。彼らに責任はあるのだろうか？

1　デュアルユースの事例

　デュアルユースとは「軍民両用」という意味で，軍事用と民生用の両者で使用可能な技術を指す。もともと民生用に開発された技術が，後に軍事利用される場合をスピンオンという。スピンオンの事例としては，航空技術を基に戦闘機が開発されたり，H. フォードが開発した自動車が軍用車へ転じたりした例が挙げられる。[*2] 逆に，軍事技術として開発されたものが，後に民生

　＊1　F. ボール『ヒトラーと物理学者たち──科学が国家に仕える時』池内了・小畑史哉訳，岩波書店，2016年，220頁。

　＊2　米国フォード社が，第二次世界大戦中に米軍からの要請で開発した軍用車がジープである。

用に転じた場合は**スピンオフ**と呼ばれる。スピンオフの事例には事欠かない。例えば航空機のレーダーは，第二次世界大戦中，メッサーシュミットなど当時無敵とされたドイツ軍の戦闘機攻撃に対する防衛技術として，英国で開発された。他にも私たちが日々使用しているスマートフォンの GPS 機能も空軍技術に由来し，インターネットも冷戦期に米国で開発されたネットワークシステムが基盤となっている。

　スピンオフの事例が容易に見つかるように，私たちが日常的に使用している技術の相当数は，戦争によって必要とされ開発が進んできたともいえる側面を持っている。よってデュアルユース自体が不正であるとはいいがたいし，近年のデュアルユース技術には，軍事用か民生用か，明確に分けられないものも多い。というのも従来の戦車や戦闘機のような重工業系の軍事技術から，近年では通信や人工知能といった情報系の軍事技術に開発の中心が移っているため，一見して他者に危害を加えることを目的とした技術であると判断するのが難しくなっているからだ。軍事用技術と民生用技術を明確に分けることが難しいとしたら，開発にあたる科学者や技術者は，自分の関わった技術が軍事利用されることに何ら責任を持たないのだろうか。戦争と技術開発の問題について，科学者・技術者の責任がどこまであるのか，考えてみたい。

2　戦争と技術開発——2度の世界大戦と科学者たち

　第一次世界大戦と第二次世界大戦は，科学技術の進歩と表裏一体の関係にある。この時代は，科学が戦争を拡大し，戦争が科学を進歩させたともいわれる。第一次世界大戦は，各国が科学技術の粋を投入した総力戦で，多数の死傷者を生むとともに，近代兵器（航空機，自動車，戦車，化学兵器など）

3　例えば，このような事例もある。米国インテュイティヴ・サージカル社が開発した手術ロボット「ダ・ヴィンチ」はもともと軍用技術で，米陸軍の依頼により，DARPA（略称ダーパ，Defense Advanced Research Projects Agency，米国防高等研究計画局）のプロジェクトとして，1980年代より開発が進められた。開発当初の目的は，医師が戦場にいなくとも，米本国や空母内から負傷者の治療を行うことができる遠隔手術ロボットの作製だった。2000年に FDA（アメリカ食品医薬品局）の承認を受け，「ダ・ヴィンチ」は医療機器として多くの国々で使用されるようになった。患者に負担の少ない内視鏡手術が可能であるため，現在では民生用技術として多くの人々がその恩恵を受けている。

の技術が確立された。幾多の発明によって兵器を国に提供してきた科学者・技術者たちには，どのような意図があったのだろうか。

まず科学者（scientist）と技術者（engineer, technician, technologist）の違いについて押さえておこう。原則的に，科学者は理論上の真理の探究を目指す「純粋研究」を行い，技術者は科学者によって見出された科学法則を基に，製品やシステムなどへの実用化を目指す「応用研究」を行うと理解されてきた。しかしこの違いは，現代の科学技術の状況では不明確となりつつある。哲学者のフォージ（John Forge）によれば，純粋研究と応用研究には，仕事の特性や内容といった本質的な違いがあるのではなく，その研究が実施される「場所と理由」が異なるだけである。現代において，自宅に実験室を作って一人で研究を行う科学者などいない（研究機関に所属せず，深夜一人で「怪物」を作り上げたフランケンシュタインのような科学者は実在しない）。科学者は大学や企業，国等の研究機関に所属し，多くは研究助成金を受けて研究を進め，科学論文という成果を産み出す。科学論文は公開性が求められるので，大学の実験室で純粋研究を続けている研究者の論文がWeb上で公開され，企業の研究者によって読まれ，実用化されることもあり得る。フォージは，科学者の責任は科学論文の生産だけでなく，本人が意図せず成果が実用化された場合にもあると述べている。なぜなら現代において，科学者が論文を公開した以上，実用化の可能性があることを知らないという言い訳はできないからだ。一方で，科学者自らが意図的に軍事研究に関わった事例もある。そこに関わった本人は，決してマッドサイエンティストであったわけではなく，それなりの理由に基づいて関与していたのである。

第一次世界大戦では，初めての化学兵器として，塩素などの毒ガスが使用された。開発者は，ユダヤ系ドイツ人で化学者であった**F. ハーバー**で，窒素を固定しアンモニアを合成する手法（ハーバー・ボッシュ法）の考案でも知られている。ハーバーは窒素固定法によって，農業肥料の増産に大いに貢献していた。そしてハーバーは戦争が始まると，軍の利用に資することが戦時における科学者の務めと考え，毒ガス開発に着手した。このようなハーバーの姿勢は，同時代の人々からその愛国心を称賛され，名誉ある人物とみなされていた。

ハーバーの毒ガス開発は，第一次世界大戦が塹壕戦によって膠着状態に陥ったため，戦争を早く終結させることを目指して行われたものでもあった。

他方で同じく化学者であったハーバーの妻クララは，戦場での毒ガス使用の惨状を聞き，自死を選んでいる。さらにハーバーの開発した毒ガスは，後にナチスドイツによって改変され「チクロンB」となった。チクロンBは，アウシュヴィッツ＝ビルケナウ強制収容所をはじめとする絶滅収容所で，ユダヤ人の大量殺害に用いられたものである。ハーバー自身はユダヤ人の絶滅計画が開始される前に亡くなり，それを知る由もなかったが，彼が開発した毒ガスは，同胞の大量殺害のために用いられてしまったのである。晩年のハーバー

ハーバー（出典：*Les Prix Nobel*）

は，カイザー・ヴィルヘルム物理化学・電気化学研究所（KWIPC）の所長を務めていたが，1933年，ユダヤ人職員を解雇するよう命令を受け，自ら辞職を願い出ることとなった。ハーバーは忠誠を誓った国に裏切られ，失意のままスイスで亡くなった。[*4]

3　核物理学とマンハッタン計画

　核物理学の進展から，原爆開発プロジェクトとなった**マンハッタン計画**へと至る一連の核爆弾開発は，第二次世界大戦後の科学のあり方を大きく変えたとされている。これ以後，科学者の責任の範囲も大きく変わった。核物理学の端緒から，マンハッタン計画までの歴史をたどってみよう。

　核兵器や原子力利用といった応用の原点となる核物理学は，目に見えない透過線（放射線）の解明に端を発する。19世紀末のW. レントゲンによるX線の発見や，A. ベクレルによるウランからの放射線（アルファ線）放出の確認などである。続くM. キュリーとP. キュリーは，電位計による放射性元素の測定を行い，ラジウムとポロニウムを発見した。キュリー夫妻は，目には見えない放射線の持つ力に大いに期待したが，彼らの研究は実用化を目指

[*4]　KWIPCは，1911年にドイツの科学振興のため設立されたカイザー・ヴィルヘルム協会（KWG）の研究拠点の一つである。ハーバーが辞任した当時は，物理学者マックス・プランクがKWG総裁を務めていた。プランクは法的秩序を重んじる人物で，友人ハーバーの辞任に心を痛めつつも，ナチス政権に従ってドイツにとどまった。

すよりも，放射線と放射性元素を解明する基礎研究が中心であった。応用としては，医学者との共同研究で，ラジウムを病気やケガの治療に用いる治療法の開発などにとどまっている。キュリーらの研究は，A. ラザフォードのアルファ粒子についての研究に引き継がれた。ラザフォードは，不安定な原子核が放射線を放って安定な原子核に変化すること（放射性崩壊）や，原子核の周辺を電子が取り巻く原子構造を明らかにした。そしてラザフォードは，原子の内に莫大なエネルギーが潜んでおり，一度に全エネルギーを放出することができたら，莫大な破壊力を持つことを知るに至った。キュリー夫妻らも原子の破壊力に気づいており，冒頭の P. キュリーのノーベル賞受賞講演は，その後の科学がたどる運命についての予言でもあったといえる。

さらに科学者たちは，原子構造における中性子の働きを明らかにしようと試みていく。1934年，物理学者 L. マイトナーと化学者 O. ハーンは，ウランに中性子を衝突させる実験を始めた。彼らは核エネルギーを利用する方法ではなく，基礎科学を目指していたとされる。同じ頃，物理学者 E. フェルミが，核分裂の連鎖反応を維持するため，中性子の速度を下げる方法を開発していた。1938年，ハーンと助手 F. シュトラスマンは，マイトナーと O. フリッシュ（マイトナーの甥）の助言に依拠しつつ，実験によってウランの核分裂を確認した。実験で確認された核分裂反応について，ラザフォードの原子模型を修正しつつ，原子の惑星状構造という理論を提供したのが物理学者 N. ボーアであった。

しかし原子核についての理論を実験で証明するという「純粋科学」ではなく，核兵器を目指す「応用研究」を想定していた科学者らもいた。1930年代前半，ドイツやアメリカが核兵器開発プロジェクトを立ち上げる以前から，L. シラードのような科学者たちは，核分裂の連鎖反応を核兵器に応用するというアイデアを持っていたとされる。[*5]

またフェルミは，妻がユダヤ人であったため米国に移住したが，1942年にシカゴ大学で世界初の原子炉を作製し，連鎖反応の制御に成功した。この際，制御棒などに用いられた黒鉛の費用を負担したのは米国政府である。フェルミの原子炉は，プルトニウム製造炉として実用化され，マンハッタン計画の進展に大きく貢献している。フェルミ自身，マンハッタン計画を主導するロ

---

　*5　他方，ユダヤ人であったためにスウェーデンに亡命していたマイトナーは，原子爆弾が日本に投下されるまで核兵器の実現を知らなかった。

スアラモス国立研究所に助言する立場となり、兵器開発のための応用研究に全面的に関与したのである。

1933年にヒトラーが政治全権を掌握したドイツは、1941年の宣戦布告以後、アメリカと敵対関係となった。ドイツ人科学者らは、不確定性原理で著名な **W. ハイゼンベルク** を中心に、「ウラン・クラブ」を結成し、核反応炉の開発を目指した。1943年頃にハイゼンベルクは、「（我々は）未知の爆発力と破壊力を持つ爆発物を政府に提供できる」と語っている。核爆弾の開発は、

オッペンハイマー

アメリカとドイツの戦争勝利に向けた開発競争の様を呈し、科学者たちの純粋研究とはほど遠くなっていたことが見て取れる。しかしヒトラーの関心がV2ロケットの開発へと移ったこともあり、ドイツは最終的に原爆の完成に至らなかった。戦後、ハイゼンベルクは当時の科学者の立場について、以下のようにコメントしている。

> 政府の公式のスローガンは、"戦争のために物理学を利用しなければならない"であった。私たちはその順序を変えて、自分たち用のスローガンにした。"物理学のために戦争を利用しなければならない"。[*6]

他方、亡命したユダヤ人科学者を含めたアメリカの科学者たちは、原子爆弾の開発計画に着手し始めていた。発端は1939年、シラードがアインシュタインの署名が付された手紙を F. ルーズヴェルト大統領に送り、ナチスドイツよりも先に、核分裂を用いた兵器開発を進めるため、国家資金の投入を進言したことに始まる。計画に加わった科学者たちは、戦争の早期終結や、ナチスドイツに対する抵抗を目標としていた。1942年には、原爆開発プロジェクトであるマンハッタン計画が始動し、フェルミによる原子炉が史上初めて臨界に達している。翌43年には **R. オッペンハイマー** がロスアラモス国立研究所所長に就任した。開発は急速に進展し、1945年、世界で初めて原子爆弾が使用されたのが広島と長崎であった。原爆投下の後、オッペンハイマーは「物理学者たちは罪を知った」との発言を残し、戦後は核兵器を国際的に管

---

*6　F. ボール『ヒトラーと物理学者たち——科学が国家に仕える時』池内了・小畑史哉訳、岩波書店、2016年、315頁。

第10章　戦争は技術を進化させるのか？　　125

理する活動に携わっている。後年には，自らを省みて，インドの聖典を引用しつつ「私は死，世界の破壊者」とも語っている。

4 技術者は人工物に対してどこまで責任を持つか？

ここまで概観したように，毒性ガスを開発したハーバーやマンハッタン計画に関わった科学者たちの多くは，彼らなりの理由や目的を持っていた。「国のため」や「戦争を早く終わらせるため」というものである。第二次世界大戦後もまた，米ソ冷戦期の核開発において，「戦争を抑止するため」という大義名分が掲げられた。それでは，このような目的があれば，軍事技術を開発することは正当化できるだろうか。兵器のような人工物が製造される主な目的は，他者に危害を加えることにある。「戦争終結のため」といった目的は二次的なもので，核爆弾の主要な製造目的は，莫大なエネルギーによって敵対者を破壊することにある。二次的な目的が正当だからといって，それを実現するためにいかなる手段を用いてもよいのだろうか。また結果的に原爆で犠牲になった人々よりも，原爆投下がなされなかった場合の被害のほうが多いといった功利主義的な計算も，比較対照群がないため，それを論証することはできないだろう。

すぐれた技術者であればあるほど，人工物の作製目的を熟知しており，使用された場合の結果も予見できるはずである。フォージの言葉を借りれば，科学者・技術者は，どのように成果を生み出したかという過去を問う「後ろ向きの責任」だけでなく，科学者・技術者が職務において何をなすべきで，何をなすべきでないのか，成果が現実に生じていない場合であっても予見する責任，すなわち将来を問う「前向きの責任」を有している。「前向きの責任」は，「仕事の行く先を見るように求める責任[7]」ともいわれる。そして責任を持って研究開発を行うとは，社会に対して「応答する（respond）」義務を果たすこと，すなわち「応答する責任（responsibility）」を負うことなのである。研究開発の結果として誰かが不利益をこうむったら，科学者はその人に「対応し（respond）」自らの行動について説明する義務がある[8]ということ

＊7　J. フォージ『科学者の責任──哲学的探究』佐藤透・渡邉嘉男訳，産業図書，2013年，6頁。

＊8　同前，12頁。

になる．本来知るべきことに無知であったために「結果は予見できなかった」というのは，責任を負わずに研究・技術開発に携わっていたということを意味している．

5　技術は「中立」のものだろうか？

　技術者が，技術の行く先についての予見責任を負うということについては，次のような反論があるかもしれない．人工物は使用者の意図によって使われ方が変わるのだから，技術が生み出す人工物そのものは中立だという見解だ．たしかに技術者は，何らかの目的を明確にして人工物を形成するものの，人工物は多様な使われ方をすることがある．例えば刃物は，料理にも殺人にも使用できる．銃も，狩猟や戦争，犯罪にも使用できる．技術の産物である人工物の使用例は多種多様だが，だからと言って，技術が本当に中立であるといえるだろうか．というのも人工物の設計は，明確に何らかの目的に沿って行われているからである（もちろん技術によっては，設計当初から技術者が意図していた主目的以外の目的も存在しうる）．刃物と銃を比較した場合でも，銃は殺傷力が高く，その主目的は刃物とは異なり，動物にせよ敵にせよ相手に重大な危害を加えることである．このような銃の特性は，「悪人が銃を持てば危険だが，善人が銃を持てば問題ない」といった理由で正当化されうるものだろうか．市民の合法的な銃所有が認められる米国では，ケンカに端を発した発砲や誤射による死者が日々絶えない．技術者はその産物についてよく目的を吟味し，責任を使用者のモラルに委託してはならないのではないだろうか．ましてや核兵器のような，莫大な破壊力を持つものについては，なおさら慎重でなければならない．

　「カラシニコフ（AK-47）」という自動小銃の開発者として名高いミハイル・カラシニコフは，その開発目的について，第二次世界大戦の末期，ドイツ軍との戦争におけるソ連兵の犠牲を減らし，国を勝利させるためだったと述べている．カラシニコフは組み立てが容易で扱いやすく，浸水や砂塵に強く耐久性がある上，きわめて安価と

カラシニコフ（AK-47）

第10章　戦争は技術を進化させるのか？　　127

いう特性を備えた自動小銃である。カラシニコフは，ベトナム戦争ではベトコン，ソ連のアフガニスタン侵攻時はムジャヒディン（ジハード戦士）の間で普及し，「貧者の兵器」と呼ばれた。また冷戦終結後に勃発したアフリカ諸国の内戦では，扱いが容易なカラシニコフを与えられた「子ども兵」の存在が，倫理的問題となっている。カラシニコフという人工物は，設計当初の目的とは大きく異なり，世界の戦争の形を変え，人々の被害を拡大する力を持っていたのである。[*9] ここまでの影響力は，カラシニコフが刃物のような道具ではなく，主目的が殺傷にある兵器であったがゆえであろう。

コラム

世界の戦争は終わらない：アフガニスタンの悲劇

　2018年現在，外務省の海外渡航情報で，全土にレベル4の「退避勧告」が出されるアフガニスタン。「世界で最も危険な国」ともいわれるが，かつては女性や外国人観光客が軽やかに街中を歩いていた。バーミヤンの仏教遺跡やブルーモスクなど，世界遺産や建築が人々を魅了した。当時の様子を写した写真がある。1972年にドイツ語教師としてアフガニスタンに赴任した女性と彼女の家族が，市民や兵士らとお茶を楽しんでいる様子である。もう一枚の写真，バザールの風景も平和だ。

　しかし1970年代に起きた数度のクーデターにより，王制と続く共和制が廃止され，社会主義政権が樹立された。社会主義政権のもと，信教の自由を奪われたムスリムらは，反政府ゲリラ活動を始める。1979年には，イラン革命の波及を恐れたソ連が，アフガニスタンへと侵攻した。一方アメリカは，ソ連の覇権に対抗して，ムジャヒディン（聖戦士）らに資金や武器を供給し，軍事訓練も施した。こうしてアフガニスタンはベトナム戦争同様，米ソの代理戦争の場と化したのである。

　ソ連撤退後，アフガニスタンは，ムジャヒディンの集団同士の抗争による内戦状態となった。そこから台頭したタリバンが1996年に首都カブールを制圧したが，かつてムジャヒディンを支援したアメリカは，9.11米国同時多発

[*9]　カラシニコフ本人は，ソ連政府からAK-47の「発明者章」を授与されたが，社会主義国にあって特許料などの対価を得ることもなく，慎ましい生を過ごした。AK-47については，開発者としての誇りを語りつつも，農耕機械を発明したほうがよかったかもしれない，とも発言している。晩年はロシア正教会に通い，贖罪を祈っていたといわれる。

128

テロを受け，タリバン政権に対する攻撃を開始した。タリバン政権は崩壊したが，米軍のドローン空爆で多くの市民も死傷している。現在もアフガニスタンでは，タリバンやIS（イスラム国）等が政府軍との抗争を続け，政府機関への爆弾テロで市民が犠牲となっている。大国の覇権争いや軍事産業による武器輸出は，他にも多くの国々で内戦やテロを引き起こす要因となった。

（左：ソ連侵攻以前のアフガニスタン。商人や兵士とお茶を楽しむ。撮影：Sigrid Hauff。右：カブールのマーケット。撮影：Ruth Braun，写真提供：Sigrid Hauff）

⦿まとめ

「戦争の早期終結」や「味方を勝たせるため」といった理由での兵器開発は，敵であれ味方であれ，他者に危害を加えるという目的は明確であるため，開発者に責任がないとはいえない。また科学者・技術者は，自らの行為の行方についても，予見する責任がある。そして無知であったという理由であっても，本来知っているべき事柄については，彼らは責任を問われることがある。

⦿それでも残る問い～発展学習～

近年，日本でも軍学共同研究が推進されている。2015年から開始された防衛省防衛装備庁か推進する「安全保障技術研究推進制度」が代表的だ。防衛にも資するような技術研究を募集し，研究資金を提供する制度である。募集テーマの事例として，「再生エネルギー小型発電」，「音響・可視光以外の水中通信」，「遠隔作業を円滑化する触覚・力覚」，「昆虫，小鳥サイズの小型飛行体」，「3D造形による軽量で高耐熱性を持つ材料」等の開発研究が挙げられている。日本学術会議は，このような軍学共同研究について反対声明を出している。

皆さんはどう考えるだろうか。「防衛技術」なので，他者を攻撃する目的でなく，自衛に用いる目的ならば問題ないと思う人もいるだろう。学術会議のメンバーでもそのような見解を持つ人もいる。また募集テーマを見ても分かるように，これらの技術は軍事用か民生用か，明確に分けることが難しい。そのような技術については，デュアルユースもやむなしと考える人もいるだろう。近年は，戦車や戦闘機のような重工業よりも通信や人工知能といった情報系技術が推進され，それらは産業界でも重要な技術である。

　個人としての賛否は様々だろう。しかし，軍事転用を予見していなかったから開発者に責任はないという言い訳はできないことに留意してほしい。技術の高度化に伴い，その技術が軍事用か民生用なのか，軍事技術だったとしてもそれが自衛目的か攻撃目的なのか，といった区別はたしかにつけ難い。とはいえ，高度な技術が世界規模に及ぼす影響を考えると，一国のために軍事技術を開発して国民の危害を防ぐという目的を貫くことは，もはや不可能だろう。実際，2014年には閣議決定により，それまで事実上禁止されていた日本の武器輸出が解禁された。よって安全保障技術は，自国の防衛のためだけに用いられるとは限らない。また研究促進のためには資金が必須かもしれないが，技術開発の主目的と場所を考慮することは，科学者・技術者の重要な責任である。さらに軍学共同推進の背景には，大学に対する補助金が削減される一方，デュアルユース技術の開発には研究資金を手厚く配分しようという政治的・社会的状況があることにも括目すべきだろう。

■より学びを深めたい人への読書案内

J. フォージ『科学者の責任──哲学的探究』佐藤透・渡邉嘉男訳，産業図書，2013年

F. ボール『ヒトラーと物理学者たち──科学が国家に仕える時』池内了・小畑史哉訳，岩波書店，2016年

J. バゴット『原子爆弾1938〜1950年──いかに物理学者たちは，世界を残虐と恐怖へ導いていったか？』青柳伸子訳，作品社，2015年

池内了『科学者と軍事研究（岩波新書）』岩波書店，2017年

大平一枝『届かなかった手紙 原爆開発「マンハッタン計画」科学者たちの叫び』角川書店，2017年

松本仁一『カラシニコフI（朝日文庫）』朝日新聞出版，2008年

松本仁一『カラシニコフII（朝日文庫）』朝日新聞出版，2008年

第 **11** 章

人工知能は人間の将来を変えるか？
AI 技術と人間の社会

【学習目標】
☞人工知能開発について，これまでの技術開発とは異なる特性を理解
　する。
☞人工知能の現状を通して，将来の私たちの社会のあり方を考える。

【キーワード】
☞AI　ディープラーニング　シンギュラリティ　自律性

🐶犬型ロボット，また発売開始されたみたいだよ。猫型ロボットはな
　んで作られないんだろう？
🐱君たち犬は，真似されやすいんだよ。分かりやすいし。猫型ロボッ
　トができても，寝ているだけだよ。本物の俺たち猫は，寝てるだけ
　でかわいいって言われて，ネットで buzz るんだけどね。
🐶ルクス君は，ヒトとちゃんと遊んであげないからいけないんだよ。
🐱ヒトは，ロボットとコミュニケーションがとれているって思えるこ
　とが重要みたいだからねぇ。ヒトは寂しがる動物なんだ。
🐶犬型ロボットは，一人暮らしの高齢者にも人気らしいよ。
🐱でも，ロボットもいいけど，本物の犬や猫を飼いたい高齢者がいたっ
　ていいんじゃないか。飼い主のいない犬猫もいっぱいいるし。
🐶わざわざロボットを作らなくても，本物は余って困っているよね。
　犬型ロボットと本物の犬，両方ともほしいヒトっているのかな？

131

> 😺 ヴェリタス君は，犬型ロボットと仲良くなれるのかい？
>
> 🐱 犬型ロボットは匂いがしないからなぁ……。

1 人工知能の出現とその展開

　情報通信技術（ICT）の進展は，私たちの社会や経済のあり方を大きく変えている。これまで本書で述べてきたように，IT企業が保有するデジタル資産への課税の問題や，多様なデジタルビジネスの展開など，新たな時代を拓く可能性と課題とが見えてきている。現在の情報技術は，**第四次産業革命**とも呼ばれるほど，大きな変化を起こすと捉えられている。18世紀後半，蒸気機関による動力が導入された第一次産業革命，20世紀初頭の電力利用による第二次産業革命に続き，1980年代，コンピュータによる自動化の進展は第三次産業革命と呼ばれた。そして2010年前後より，**IoT**（Internet of Things, モノのインターネット）や**AI**（Artificial Intelligence, 人工知能）の拡大による第四次産業革命が進展しているといわれている。特に人工知能は，火薬と核兵器に次ぐ人類最大の発明とも称され，私たちの将来を左右する力を持つと考えられる。

　「人工知能」の定義は，知識の獲得および関連づけ，データに基づく推論など，人間の知能が行う情報処理の一部を，コンピュータ上のアルゴリズムで再現する技術あるいは人工物を指す。しかしその定義の詳細は，研究者によって異なっている[*1]。「知能を持つメカ，ないしは心を持つメカ」あるいは「われわれがペットや人間と接触するような，情動の相互作用」といったように，AIに感情を持たせることを想定する研究者もいる。さらに「人工的に作る新たな知能の世界」や「人工的に作られる知能であるが，そのレベルは人間の知能を超えている」といった見解もあるように，AIについて，人間の知能を超えて，人間が経験したことがない新しい知能の世界を見せてくれるといった力を想定する研究者もいるようだ。

　また社会の人々がAIにどのようなイメージを持つかも，文化的背景によって異なる場合がある。内閣府による調査では[*2]，就労者に人工知能のイ

＊1　松尾豊『人工知能は人間を超えるか』KADOKAWA，2015年，80頁。

メージを尋ねたところ，米国では「人間の脳の認知・判断などの機能を，人間の脳とは異なる仕組みで実現する技術」という答えと，「コンピュータが人間のように見たり，聞いたり，書いたりする技術」という答えが上位2位を占めた。一方日本では，米国と同じく「コンピュータが人間同様，見聞きし，書く」という回答が多かったが，それに次いで「コンピュータに自我（感情）を持たせる技術」という回答が上位となった点が興味深い。ソニーが開発した犬型ロボットAIBO（アイボ）やソフトバンクロボティクスのPepper（ペッパー）などの人気が高いのは，人工物に感情移入しやすい日本人の文化的特徴の現れかもしれない。

　人工知能という言葉が初めて用いられたのは，1956年，アメリカのニューハンプシャー州ダートマスで，J. マッカーシーら数学者らが結集した研究発表の場であった（**ダートマス会議**）。その後1950年代後半〜60年代にかけ，推論や探索といった機能を中心に，機械翻訳の技術なども発展した。世界初の自動対話システム「エライザ」が登場したのも，「第一次AIブーム」と呼ばれたこの時代である。続く1980年代，専門家の知識を蓄積したエキスパートシステムが開発され（「第二次AIブーム」），2000年代に**ディープラーニング**（**深層学習**）の手法が開発された。ディープラーニング技術を契機に，「第三次AIブーム」が起こり，現在も進行中である。

　「第三次AIブーム」は，人工知能が研究者や専門家集団での使用にとどまっていたそれまでのブームとは大きく異なり，私たちの日常を変える可能性を持っている。この激変は，人工知能が**ビッグデータ**と呼ばれる大量のデータを処理できるようになり，AI自らが知識を獲得できるようになったことに由来する。AIが自ら学ぶという意味で，これは**機械学習**（**マシンラーニング**）と呼ばれる。AIはデータの意味や概念，成立背景などを理解してはいないが，与えられた目的（例えば「売り上げを最大化する」など）に最も近づくように，大量のデータの中からルールや法則を自ら見つけ出すことができる。よって技術者があらかじめすべてをプログラミングしなくても，ある条件を与えておけば，AIがデータを獲得し，解析してくれる。例えば，与えられたテキストやメールアドレスから「迷惑メール」の特徴を見つけ出して分類することや，客の購買データから「おすすめの商品」を提示するこ

＊2　内閣府総務省「平成28年版　情報通信白書」(http://www.soumu.go.jp/johotsusintokei
/whitepaper/ja/h28/pdf/n4200000.pdf)

となどは，機械学習の成果である。私たちが日常の中で便利に用いている迷惑メールフィルタやオンラインショッピングのレコメンド機能は，このような技術のおかげなのである。そして機械学習には，問題と正しい答えを合わせて入力する「教師あり学習」と，答えを AI 自身が探し出す「教師なし学習」の二種類がある。2017年3月に将棋名人に勝利したソフト「ポナンザ」は，初めはプロ棋士の棋譜を教師データとして学習したが，その後ポナンザ同士の対決によって，教師データがなくても，勝利に結びつくパターンを自ら習得していった。[*3]

2　ディープラーニング

　AI の歴史を大きく塗り替えたディープラーニングは，Google 社を中心とするチームが2012年に発表した「猫認識」で世界に知れ渡った。この研究によれば，動画サイトから無作為に1000万枚の画像を抽出してコンピュータに読み込ませたところ，事前に猫についての知識や特徴づけを与えたわけではないのに，猫の特徴を自ら探し出し，猫の画像のパターンを認識した。[*4] ちなみになぜ最初の画像認識が猫だったのかは，動画サイト（YouTube など）で投稿される猫の動画がきわめて多いことや，猫の顔のパターンが，比較的シンプルで個体差が少ないことが理由だろう。「ディープラーニング」の技術は，飛躍的に精度を上げている「Google 翻訳」にも応用されている。また同年12月に，Google 社傘下のディープマインド社が開発した囲碁ソフト「AlphaGo」が，韓国のトップ棋士に対して4勝1敗の成績を残し，世界を震撼させた。囲碁は，チェスや将棋に比して，想定される指し手が天文学的な数にわたる複雑なゲームであるため，コンピュータが人間に勝つなどということは，以前は誰も予測していなかったのである。

---

*3　2017年3月に行われた将棋電王戦で，将棋ソフト「ポナンザ」は佐藤天彦名人に勝利している。この時は機械学習の教師なしデータまでの進化であったが，その後ディープラーニングも導入された。同年5月20日には電王戦第二局が行われ，再びポナンザが佐藤名人に勝利している。しかし第27回世界コンピュータ将棋選手権（2017年5月3-4日）で，ポナンザは新進の将棋ソフト elmo に敗れ，準優勝に終わっている。cf. NHK スペシャル取材班『人工知能の「最適解」と人間の選択』NHK 出版新書，2017年。

*4　この成果を発表した論文は，「キャットペーパー」と呼ばれ一躍有名になった。

ディープラーニングは，機械学習の一種であるが，ニューラルネットワークと呼ばれる，人間の脳のメカニズム同様，大量の情報を多層的に処理する手法を用いる点が，従来の機械学習と異なっている。その多層的な情報処理の能力は，猫の画像の共通項など，注目すべき点である「特徴量」を，人間に指示されなくとも自ら見つけ出すことができる。したがってディープラーニングは，人間が従来認識していなかったような注目点や重要度を提示して「これが知である」という定義を行うことにより，人間の知能を超える可能性を持つのである。

　現在，ディープラーニングは新たなビジネスにも応用されている。Web上で商品やサービス（他社製品も含め）の契約・売買を行う EC（electronic commerce，電子商取引）ビジネスでは，服や靴の好みなどテキストで表現しにくい「特徴量」を見つけ出せるディープラーニングを商品検索に利用している企業もある。また金融関係でも，AI 自らが仮想通貨の基本技術であるブロックチェーンを用いた InsurTech（インシュアテック）や FinTech（フィンテック）などの金融商品を創出している。

　もちろんディープラーニング技術は，ビジネス創出だけではなく，様々な分野に進出している。特にディープラーニングは画像解析を得意とするため，それを応用して，レントゲンやエコー写真の画像診断を行う医療技術も進んでいる。そのため，人間の医師が発見できなかったような病変の早期診断が可能になったり，遠隔的にデータをやり取りすることで，医師が不足している地域でも質の高い医療を受けられたりする可能性が生まれている。工学技術においても，自動車の歩行者検知システムや運転の自動化，生産現場で熟練技術者の代替をする AI などが，多くの恩恵をもたらしていると言えるだろう。

　しかし今のところ，ディープラーニングを行う AI も，人間のように多様な知的活動ではなく，特定の機能に限定されている。将棋や囲碁ソフト，自動運転のような「一芸に秀でている」AI は，**特化型人工知能**と呼ばれる。それに対して，人間の知能のように汎用性があり，様々な機能を総合的に駆使できる AI を**汎用人工知能**（AGI: Artificial General Intelligence）と呼ぶが，こちらは現在の技術レベルでは実現していない。もし汎用人工知能が実現したら，あらゆる点で人類の知を超える**シンギュラリティ（技術的特異点）**が起こると予測する見解もある。一方シンギュラリティの実現可能性について[*5]

は否定的で，AI と人間の知性にはいまだ大きな隔たりがあるという研究者も多い。それでは AI にはなく，人間だけが持つ特質や能力とはいったい何だろうか。

3　人間の特質とは何か？

　人工知能という言葉が登場する前，1950年に**チューリング・テスト**というものが提唱された。これは数学者 A. チューリングが考案したもので，コンピュータに人間のような知能があるかどうかを判断するテスト基準である。チューリングは「コミュニケーションがとれるかどうか」を人間の知能の重要な要素と捉えた。チューリング・テストでは，部屋の中に，外からは見えないようにコンピュータを設置し，部屋の外の人間がディスプレイとキーボードを介し，テキスト形式で対話を行う。部屋の外の人間が，対話の相手が人間だと認識するのならば，そのコンピュータは人間同様の知能があり，したがってすぐれた人工知能であると判断されるというものである。

　一方，このチューリング・テストでは，コンピュータが知的であるとは判断できないという反論がある。哲学者の J. サールが提唱した**中国語の部屋**という思考実験である。部屋の中に中国語が全く分からない人（例えばアルファベットしか分からない人）が，中国語の文字だけを用いて，部屋の外の人とコミュニケーションを行う。そして部屋の中の人には，相手の言葉に対して，どう応答したらよいかをすべてマニュアル化したものが与えられる。部屋の中の人は，漢字が読めないため意味は分からないが，マニュアルに基づいて相手の言葉に適切な応答をすることは可能である。よって部屋の中の人は，内容を全く理解していないにもかかわらず，相手からは中国語を理解しているように判断される。しかしこのような場合，本当に知性を持っていると判断できるだろうか，というのがサールの反論である。

　サールは，言語の意味を理解することはできないが，適切な言葉を選ぶ知

＊5　シンギュラリティが到来し，人間が自身よりすぐれたコンピュータに支配されるといった見方は，実際に人工知能の技術開発に携わる研究者の間では一般的ではない。技術的にそこまでの進展はまだ夢物語だというのが共通見解のようだ。他方，シンギュラリティの提唱者である米国の人工知能研究者・発明家のレイ・カーツワイルによれば，シンギュラリティは2045年に到来すると予測される。

的処理が可能な人工知能を「弱い AI」と呼び，他方，言葉の概念や意味を理解でき，人間の知能同様，汎用的で独立した判断が可能な人工知能を「強い AI」と呼んで両者を区別した。この基準に従えば，「ポナンザ」や「AlphaGo」のような特化型人工知能は，特定の機能で人間より優位であるものの，「弱い AI」に相当する。「強い AI」は汎用人工知能を指すが，先述のように現在の技術では実現していない。人間の知性は，大量のデータ処理や演算のような特定の能力では AI にはるかに及ばないが，様々な用途に対応できる汎用性を持つ点において，人間の脳のはたらきは，AI 技術では模倣できない特質を持つといえよう。

　さらに，AI 技術では模倣できないような人間の特質について，もう少し考えてみよう。たしかに言語的コミュニケーションの成立は，相手を人間と認識するための大きな要素だ。しかし言語的コミュニケーションができなくても，表情やジェスチャーによる，非言語的コミュニケーションができる場合も多い。知らない言葉を話す外国人や認知機能が低下した人が相手であっても，非言語的コミュニケーションは可能だろう。近年は表情や仕草など，非言語的コミュニケーションの要素を持ち，また人間に似せた身体を持つ，「アンドロイド」や「ヒューマノイド」と呼ばれる AI も登場している[*6]。しかし互いにコミュニケーションによって意思疎通ができるなら，その相手は人間である，と人間の特質を定義した場合，奇妙な結論も出てきてしまう。例えば人間と動物との間でも非言語的コミュニケーションができるが，そうすると「コミュニケーションのとれる動物は，人間である」ということになる。

---

　*6　AI が人間の脳の働きを模倣したものだとすれば，人間の身体性や身体機能の代理を果たすのは，ロボットである。中でも人間の姿形に似せた，Pepper のような人型ロボットは「ヒューマノイド」と呼ばれる。形も人間を模倣することで，AI と人間とのコミュニケーションがスムーズになったり，人間の手足の動きを再現することで作業が可能になったりする。特に動きや体の質感も人間に似せたロボットは「アンドロイド」と呼ばれ，彼らが接客や演劇，講演などを行う試みもある。
　大阪大学の石黒浩教授は，自身そっくりのアンドロイド「イシグロイド」の作製で著名なロボット工学者である。石黒によれば，技術開発とは人間が機械によって能力を進化させることを意味する。確かに人間の能力では不可能であった「空を飛ぶこと」や「目の前にいない相手とコミュニケーションすること」を，技術と人工物が可能にしている。現代社会において，人間の方がむしろ高機能のロボット化している可能性や，高機能のアンドロイドが人間化する可能性を石黒は指摘し，「人間とは何か」という問いを技術の側から思考する興味深い試みを続けている。

また，非言語的コミュニケーションすらできない意識状態にある人[7]は，「生物学的にはヒトだが，コミュニケーションの観点からは人間ではない」という帰結に至ってしまうのだ。

　また第4章で学んだカントによれば，人間固有の尊厳や自由は，「**自律的存在であるかどうか**」に依拠している。カントによれば，自然法則や傾向性に従うのではなく，また外から与えられた**他律的**な命令にただ従うのでもなく，自らの理性に基づいて行動できるということが，人間を人格ある存在で，固有の尊厳と自由を持つ存在たらしめると捉えられている。人工知能は，自らに理性で判断したルールを与え，行為する主体になれるだろうか。このような意味では，AIがいかに知的に見えようとも，プログラムされたとおりに行動や判断をするのであれば，人間の知性とはいまだ遠く，AIは人格も人権も持ちえないことになる。

　さらに理性の他に，主体的な意志や感情を持つ点も人間の特質であろう。AIが人間同様，感情や感覚を持っているかのように模倣して振る舞うことは可能かもしれないが，彼らの「感情」や「感覚」は，配慮に値するものなのだろうか。功利主義では，感覚のある存在は，動物であっても平等に配慮すべきと考えられてきたが（第5章参照），AIは本当に，人間同様の感覚や感情を持つといえるだろうか。さらに人間であれば，個々に意志や意欲（傾向性に由来するものもあれば，理性に基づくものもある）を持つが，はたしてAIは自由意志を持つだろうか。

　このように，これまでの倫理学の見解からは，AIを人間同様，自律的に行為し，自由意志や感覚がある存在とみなすことは難しい。私たちの社会は，乳幼児など理性に基づいて自律的に行為することができない人にも，人間としての尊厳や権利を認めている。しかし自律的に行為できると認められる成人に対しては，その行為に対する功績や責務が問われることになる。現在，自律性を持たないはずのAIに倫理的判断をさせることの是非がさかんに問われている。自動運転におけるAIの判断基準の問題である。AIに自動運転を任せるにあたって，危険回避や最終的な判断の仕方を，あらかじめどのよ

---

*7　哲学・倫理学では，動物にはない人特有の能力や特性の有無から，動物と人間の差異を考えた場合，遷延性意識障害のある人や認知能力の衰えた人などは，人間ではあるが，合理性など人間特有の属性がないため「限界事例（marginal case）」と呼ばれる。

うにプログラムしておけばよいのだろうか。例えば事故が避けられないような場合，人間であれば，功利主義に基づいて，多数の犠牲より少数の犠牲のほうがましだという倫理的判断を行う場合もあるだろう。しかしAIの場合は，プログラムする段階でどのような倫理的判断を行わせるかを人間が決定しなければならない。しかし功利主義だけが倫理的な判断における唯一の回答ではない。人間でも唯一の答えが出ない問題を，AI任せ（あるいは技術者任せ）にしてよいのだろうか。そして自動運転で事故が起こった場合，責任を問われるのは誰なのだろうか。

4　AIが社会を変える？

2013年，オックスフォード大学のM. オズボーンらは，「雇用の未来」という論文を発表している。700種以上の仕事を調査し，人工知能の導入で，今後10-20年の間に，英国の37%，米国の47%，日本の49%の人々が雇用を失うと発表し，世界を驚かせた（いずれも対労働人口比）。

「雇用の未来」では，コンピュータに代替される職種がリストアップされており，事務職や会計係，電話オペレーター，不動産ブローカー，スポーツ審判員，ドライバーや修理工，造園業といった仕事は，AIによる代替可能性が高いとされている。データ入力や画像認識，センサー技術，自動運転や自動応答システムといったAI技術の進展を考えれば，たしかにこれらの仕事を代替することは不可能ではないだろう。他方，コンピュータによる代替が難しい職種としては，振付師，カウンセラーや療法士，医師や看護師，小学校教員，人事マネージャーなどが挙げられている。これらの仕事に共通するのは，創造性や，メンタルケアなどの要素で，AIでの代替が難しいとされる特性である。

それでは，代替される可能性が高い仕事の領域にAI技術が普及したらどうなるだろうか。労働人口の半数に近い人が雇用を失うかもしれない。過去にも新たな技術開発は，人間の雇用状況を大きく変化させてきた。例えば19世紀末の第一産業革命後には，織物機械に仕事を奪われることを危惧した労働者らが，工場を襲って機械を打ち壊す「ラッダイト運動」が起こった。また20世紀には，コンピュータのワープロ機能の進展で，多くのタイピストが失業した。技術の進展とともに生じる雇用の変化は，今後さらに社会の格差

や不平等を拡大するのだろうか。技術開発の促進と同時に，公的な政策とし
て，「ベーシックインカム（就労や資産に関わりなく最低限の所得を保障す
ること）」などの社会保障を整えるなど，何らかの対策をとらなければ，雇
用形態や職種によって，不当な境遇に陥る人は増える可能性がある。また最
低限の所得保障をしたとしても，AIとうまく協働して働く人と，そうでな
い人との経済格差が拡大する可能性も否定できない。

　しかしAIによる雇用の代替は，マイナス面ばかりではない。例えば深夜
に労働するドライバーや警備の仕事，金属の熱処理工場や廃棄物処理など，
危険を伴う労働環境での仕事をAIが代替すれば，人間は過酷な仕事から解
放されるだろう。またAIに仕事の一部を代替させることで，人間がよりク
リエイティブな業務に集中できる可能性も考えられる。

　また日本でも，人工知能が経済活動だけでなく，政治や司法の場に導入さ
れることがあるかもしれない。AIが最も合理的な政策を提示してくれるな
らば，政治家の汚職や利益誘導を一掃できると期待する人もいるだろう。す
でに司法の分野でAIを導入し，実用化している国もある。アメリカの複数
の州では，人工知能による再犯リスク評価システムが導入されており，判事
は，AIが予測した再犯率や釈放可能な時期などのデータを参照することが
できる。人間の判断では，感情に流されたり，間違いを犯したりすることも
あるが，AIにはそのような要素はない。

　しかし，再犯リスク評価システムの問題を指摘する声もある。AIは過去
のデータから学習する。過去のデータは，すでに人間によるバイアスが含ま
れており，中立とは言い難い。レイシズムが色濃く残るアメリカでは，アフ
リカ系アメリカ人に多い名前を検索すると，身辺調査の広告や犯罪歴データ
ベースのサイト広告が表示されることがある。過去のデータを学習したAI
は，そこに含まれていた人間の偏見や悪意も忠実に再現することになり，ア
フリカ系市民の再犯率は，白人に比べて高く見積もられるという。再犯リス
ク評価システムでは，AIがどのような根拠やプロセスに基づいて再犯率を
算出したかは提示されないため，判断基準も分からない。これは政策立案に
AIを導入した場合でも問題となるだろう。意思決定のプロセスが明確でな
いものに，私たちは喜んで従うことができるだろうか。

　さらに，人に危害を与えるAI兵器の開発を進めている国もある。AI兵器
は，人間の兵士が耐え難いと感じる，戦場における「3つのD」と呼ばれる

140

要素（dull/dirty/dangerous）への耐性がきわめて高い。*8 したがって AI の投入で人的犠牲を減らすことができる，というのが開発側の主張である。しかし AI を搭載したロボット兵器が，自らの判断で相手を殺傷する自律型致死兵器システム（LAWS: Lethal Autonomous Weapons Systems）の開発も進行中だ。LAWS の是非については，国連等でも議論され，IT 企業からも開発を危惧する声が上がっているが，具体的な規制についてはいまだ決着していない。はたして，自らの意志で人間に危害を加えるような AI を実現してよいだろうか。また，AI 兵器の導入で，本当に人的犠牲は減らせるのだろうか。AI をどのように社会に導入していくのか，研究者や技術者の倫理観に任せるのではなく，社会の一員としてよく考えなければならない時代が到来している。

◉まとめ

　AI の導入で，いずれ過酷な業務や，人間でなくても可能な仕事を機械で代替できるようになるだろう。その際，仕事を失う人々の生活保障をどうするのか，あるいはどのような仕事にどれだけの報酬を払うと決めるのか，社会全体で考えていかなければならない。また AI によって，人間はより広範な知識や世界を知ることが可能になる。それはむしろ，人間しかできないこととは何か，人間と AI を用いる社会はどのようにあるべきか，といった新たな問いを生み出すだろう。

　このように AI には人間や社会を変える力がある。だからこそ，私たちはその力を何に用いるべきか，よく吟味して制御し，協働しなければならない。

◉それでも残る問い〜発展学習〜

　「AI と人間が協働する社会」がどのようなものになるか，研究者や技術者であっても，予測するのは難しい。AI が人間の不足している能力を補う「協働」の形を目指すならば，例えば医療においては，AI による画像診断に加えて，人間の医師による診断とケアが提供できる。しかし，AI に診断技術を依存することによって，もしかしたら人間の医師の診断能力は衰退してい

　＊8　長時間の監視などの任務は「退屈（dull）」であり，戦場は放射性物質等に汚染されることもある（dirty）。そして戦闘はそもそも人命を危険（dangerous）にさらす。

くかもしれない。そうなった場合，AIと人間が「協働」するのではなく，AIに人間が「使われている」，「動かされている」，「監視されている」事態にもなりかねない。AIを本当に使いこなすことができるような，人間の自律性が問われている。

　また従来の技術であれば，ユーザーは人工物を使う人，あるいは人工物による受益者などと，ある程度特定することができた。しかしAIのユーザーとはいったい誰を指すのだろうか。オンラインショッピングで買い物をする人はユーザーだろうか。AIによる画像診断を受けた人はユーザーだろうか。「公衆の福利・安全を最優先すべきだ」という技術者の倫理綱領があっても，ユーザーの全体像を把握することすら困難になっていくような技術に対して，技術者は誰の福利や安全を考えればよいのだろうか。

　AIに関わる哲学的・倫理学的課題は，どれも明解な答えが得られていない。技術者はもちろん市民もまた，AIという技術を通して，人間とは何か，AIと協働する社会とはどのようなものであるべきか，誰の福利や安全を考慮すべきか，先人の思想をヒントにしつつ議論する必要があるのではないだろうか。

　■より学びを深めたい人への読書案内
　久木田水生・神崎宣次・佐々木拓『ロボットからの倫理学入門』名古屋大学出版
　　会，2017年
　NHKスペシャル取材班『人工知能の核心』NHK出版新書，2017年
　NHKスペシャル取材班『人工知能の「最適解」と人間の選択』NHK出版新書，
　　2017年
　石黒浩『アンドロイドは人間になれるか』文春新書，2015年
　松尾豊『人工知能は人間を超えるか――ディープラーニングの先にあるもの』
　　KADOKAWA，2015年
　石黒浩・鷲田清一『生きるってなんやろか？』毎日新聞社，2011年
　池上高志・石黒浩『人間と機械のあいだ――心はどこにあるのか』講談社，2016
　　年
　新井紀子『コンピュータが仕事を奪う』日本経済新聞出版社，2010年

第 *12* 章

水俣病の悲劇から何を学ぶか？
技術者の責任と公害

【学習目標】
☞「水俣病」を事例に，被害救済・再発予防のあり方の変遷を理解する。
☞「予防原則」の意義と，その限界について理解する。

【キーワード】
☞水俣病　公害　予防原則　無過失責任　リスクと不確実性

😺今日は，猫たちが警告していたにもかかわらず，遅きに失した環境
　問題の事例だ。

「かかさん，なして，静子ちゃん家の猫も，文ちゃん家の猫も，たか
えちゃん家の猫も死んでしまうとやろか。ぐらしか（かわいそう）
なあ―」病気になって舞う猫たちの方へ，自分も同じ病いになりか
けていた手を伸ばし，娘はよく泣いた。井戸に飛び込む猫も，石垣
の下の海に飛び込む猫も，渚に落ちる鳥の死骸をも拾いあげてきて，
食べこしらえも忘れている日が続いた。そして娘の愛猫は，庭先の
ゴミや，穫り入れのあとの，唐薯のつるを焼く野火の中に飛び込み，
炎の中で，水俣病症状の回走運動をしてうずくまった。
　「かかさん，かかさん，おとろしか，……」はじめのころ，ちいさな
生きものたちの死に，ぐらしか，ぐらしかと言っていた娘は，腹の
はじけた生焼けの愛猫をみた頃から，起きあがれない床についた。

「あの貝が毒じゃった。娘ば殺しました。おとろしか病気でござすば
い。人間の体に入った会社の毒は。死ぬ前はやせてやせて，腰があっ
ちゃこっちゃに，ねじれて。足も紐を結んだように，ねじれとりま
したばい。嫁入り前の娘の腰が。 どういうあわれでございましたや
ろか。桜の咲きます頃にはあなた。それが散ります頃には（中略）。
きよちゃんあんた，そげんして花びら拾うても，賽の河原ぞ。風邪
ひくけん，家にはいろ，ちゅうても，耳だけは不思議にきこえとり
まして。耳のきこえんごとなって死んだ奇病人さんたちも，おんな
さいましたけれども。」

　　（出典：石牟礼道子『苦海浄土』〈世界文学全集 III-04〉河出書房新社，223
　　－224頁）

1 「公害」とは

　冒頭の文章は，石牟礼道子（1927年天草生まれ，2018年2月没）の代表作
『苦海浄土』からの一節である。当初，猫や鳥，魚などで発生したこの「奇
病」は，人間でも発症し，後に**水俣病**として知られることになる。「苦界」
とは，苦しみや悩みの多い人間界のことを指す仏教の言葉である。石牟礼は，
有機水銀に汚染された水俣の海を「苦海」と呼び，豊かな海の恵みに生きて
きた人々の生が，病苦や人心の残酷さの中に投げ込まれていった様を描きだ
している。

　2016年をもって，水俣病公式確認から60年を数えた。1950年代から60年代
は，日本の高度経済成長期にあたり，また「**四大公害病**（水俣病，第二水俣
病〔新潟水俣病〕，四日市ぜんそく，イタイイタイ病）」が相次いで人々に被
害を引き起こした時期でもある。現在，環境省は，**公害**の内容について，大
気汚染，水質汚濁，土壌汚染，騒音，振動，地盤沈下，悪臭の七つを規定し，
それらが人および動植物に与える被害であると定義している。この定義は，
四大公害病の発生を契機として制定された公害防止策である**公害対策基本法**
（1967年施行）で初めて登場したもので，これを引き継いだ1993年施行の**環境
基本法**でも，公害の定義は踏襲されている。

　公害は，人間が経済活動をする中で引き起こす環境汚染のうち，特に行為

144

の責任主体や被害との因果関係が明らかな環境問題と捉えることができる。そのため公害の場合，加害者と被害者の対立図式が注目されがちだ。しかし公害もまた，責任あるいは当事者についてよく考えようとすると，難しい問題が出てくる。「加害者」の責任の所在は明らかにも見えるが，責任を問われるべきは「加害企業」だけなのだろうか，また「被害者」とは誰を指しているのだろうか。すなわち公害発生企業をそのような行為に向かわせたものは何か，また人間以外の動植物や生態系にどのような被害が生じているか，よく吟味しなければならないだろう。このように公害とは，社会全体を視野に入れて，その責任を考えていかなければならない問題なのである。少し極端に聞こえるかもしれないが，「あらゆる環境問題は公害である」と理解することもできるのである。[*1]

　また公害は社会問題でもある。水俣病のケースでは，高度経済成長に沸く当時の日本社会が，水俣という小さな漁村に向けた差別的な視線にも問題があった。『苦海浄土』の中に，筆者の石牟礼が，発症した住民へインタビューする新聞記者の言葉に注目した箇所がある。[*2]石牟礼は，毎日何を食べているのかと漁師に尋ねる記者の言葉（「魚をねえ，魚を食べるとご飯いらないですか。いったいどのくらい食べるのです！　おさしみを丼いっぱい！　へえ，それじゃ栄養は？」）の中に，漁民の暮らしを揶揄するような響きを感じ取っている。経済成長のためには，大企業を守るか，漁獲のうちから少々を自家用に消費する生活レベルの漁師たちを守るか，どちらが「合理的」なのかという社会や政府の計算が，被害の拡大を招いたことは否めない。

　1984年，インドのボパールでも，化学工場爆発事故によって，周辺住民に多大な被害が及んだ事例がある。事故を起こした企業の親会社は，大手化学メーカーである米国ユニオンカーバイド社であり，周辺住民の多くはスラム街の住人であったという権力関係も背景となり，被害救済はいまだに決着を見ていない。公害は単なる環境汚染ではなく，共同体における最も力弱い存在に顕著にその影響が及ぶという問題もはらんでいる。

＊1　丸山徳次「文明と人間の原存在への意味への問い　水俣病の教訓」加藤尚武編『新版　環境と倫理——自然と人間の共生を求めて』有斐閣アルマ，2005年，第4章，71－72頁。

＊2　石牟礼道子『苦海浄土』河出書房新社，2011年，137頁。

2　水俣病の発生の経緯

　それでは水俣病の発生と，当初「奇病」といわれた病因が究明されるまで
の経緯をみてみよう。[*3]

　1956年3月，熊本県水俣市に住む5歳の女の子が突如，それまで健常で
あった歩行や発話が困難になり，寝たきりとなった。この女児は4月21日，
地域で最大のチッソ付属病院（当時の社名は「新日本窒素肥料株式会社」。
1965年に「チッソ」へ改称[*4]）に搬送された。さらにその2日後，この女児の
2歳になる妹が同じ症状で発病し，近隣にも同様の症状の患者が次々と確認
されていく。5月1日，チッソ付属病院院長細川一は，水俣保健所に「原
因不明の中枢神経疾患が発生している」との届出を行い，これが水俣病の公
式確認となった。

　届出を受けた水俣保健所が患者数を調査した結果，30人の患者が確認され
たが，すでに1954年から発症していた患者もいた。水俣湾周辺の住人に聞き
取りをしたところ，1950年頃から，魚貝や海藻に異変があり，1953年頃には，
漁村の猫や鳥などが次々と変死する現象が見られ，住民の間で「奇病」や
「伝染病」と怖れられていたという。

　1956年，熊本大学医学部で水俣病研究班が発足した。研究班の活躍はめざ

＊3　時系列的な経緯については，熊本県の公式ホームページに，「水俣病問題に関す
　　る経過」という文書があり，年代順に経過を確認することができる。https://www.
　　pref.kumamoto.jp/common/UploadFileOutput.ashx?c_id=3&id=4534&sub_
　　id=2&flid=126981

＊4　チッソは，1906年，鹿児島県に発電所を設立し，「曾木電気株式会社」として創
　　業した。創業当初は電力会社だったが，余剰電力を用いてカーバイド（炭化物）を
　　製造する化学工業を始め，現水俣市に「日本カーバイド商会」を設立した。1908年
　　には曾木電気株式会社と日本カーバイド商会が合併し，「日本窒素肥料株式会社」
　　となった。1914年より，カーバイドを用いた硫酸アンモニウムの生産を開始したが，
　　その当時から水俣湾へのヘドロ流出等の漁業被害が問題となっていた。1926年，日
　　本窒素肥料と地元資本との合弁で長野県長野市に信越窒素肥料株式会社（現・信越
　　化学工業）が設立され，この収益が水俣湾の漁業組合への補償に充てられることに
　　なった。その後，水俣病に関する損害賠償で多大な負債を負ったチッソは，事業子
　　会社「JNC（Japan New Chisso）」を設立し，水俣病補償事業以外の生産事業を譲
　　渡した。JNCの親会社であるチッソは，子会社から受け取る配当をすべて，患者
　　補償に充てている。

ましく，発足数か月後には，一連の症状は伝染病ではなく，何らかの毒物中毒であることが発表された。研究班は毒物の由来が，住民が常食していた水俣産の魚介類であることも突き止め，魚介の汚染原因がチッソ水俣工場の廃棄物である可能性についても指摘していた。しかし原因物質については，マンガン，タリウム等の諸説があり特定はできなかった。研究班は厚生省（現在の厚労省）に対し，水俣湾での漁獲禁止を求めたが，「原因物質が特定できない」ため，禁止の措置はとられず，新たな患者は増え続けた。

1958年頃からは，自身は水俣産の魚介を食べていないにもかかわらず，生まれながらに水俣病の症状を呈する子どもたちが現れた。彼らは，母親の胎内で水銀に曝露されたために発症したわけだが，当時の医学界の常識では，重金属が胎盤を通して胎児に移行することはあり得ない，というのが共通理解であった。しかし熊本大学の原田正純医師は，「自分が食べた魚介の毒が，胎内で子どもに移行したにちがいない」と訴える母親たちの経験知のほうにむしろ，学界の常識を覆すような真実があることを確信し，その後も生涯にわたって水俣病患者と家族への支援をし続けた。

このように状況が悪化するばかりであった1959年の暮れ，耐えかねた漁師たちは，集団でチッソ水俣工場に向かい，排水停止と漁業補償を強く要求した。しかし住民側のみが暴行と不法侵入に問われ，"漁民騒動"と呼ばれたこの事件は，社会的な反響や支持を得ることはできなかった。

3 水俣病の原因究明の経緯

1959年7月，漁師たちが我慢の限界にある中，実は事態は大きく動いていた。というのも熊本大学医学部研究班が，チッソ水俣工場から排出される廃水に含まれる**有機水銀**が，水俣病の原因物質であると発表したからである。この発表によって，原因物質が科学的に特定された。研究班の見解に対し，チッソ側は，製造工程で無機水銀を使用してはいるが，有機水銀とは無関係であることを主張した。

しかし水俣病患者を最初に報告したチッソ付属病院院長の細川一医師は，以前より工場内でひそかに工場廃水（アセトアルデヒド酢酸）を猫に与え，経過を観察する実験を繰り返していた。その結果，1959年10月，細川医師は「400号」と呼ばれる猫に水俣病と同様の症状を発症させることに成功した。

細川医師から報告を受けたチッソは，この**猫400号実験**の結果を公表することを禁じ，同年12月，補償を求める患者側と**見舞金契約**を締結した。この契約は，チッソが一時的な見舞金を出すものの，「将来水俣工場の排水が原因と決定した場合においても，新たな補償金の要求は一切行わないものとする」という条項を含み，患者側にはおよそ不当な内容であった。

　1959年11月，ようやく行政が水俣病の原因について公式見解を発表した。最初の患者である5歳の女の子の発症から3年半が経った後，水俣病の原因が魚介類を通した重金属中毒であり，中毒性疾患の主因がメチル水銀化合物であることが厚生省によって確認されたのである。

==== コラム ====

「ミナマタ」を世界に伝えたユージン・スミス

　日本の地名で，その悲劇的な記憶とともに，世界に知られるようになった場所がある。人類初の原子爆弾が投下されたヒロシマとナガサキ，太平洋戦争中，米軍との地上戦で多数の市民が犠牲となったオキナワ。近年では，東日本大震災と続く東京電力福島第一原子力発電所の事故により，世界に知られることとなったフクシマ。水俣病発生の場となったミナマタもまた，悲劇によってその名を知られることとなった。

　ミナマタの出来事が世界に伝えられる大きな契機となったのが，米国の写真家ユージン・スミスによって撮影された，水俣病患者らの写真である。ユージン・スミスは，戦争を記録するための写真家として，太平洋戦争の激戦地であるサイパン，硫黄島，沖縄へと派遣された。沖縄では爆風により重傷を負っている。スミスはその後，『ライフ』誌カメラマンや，写真家集団マグナム・フォトのメンバーとして活動した。1971年より，スミスは夫人とともに3年間水俣に滞在し，患者とその家族らに寄り添い，彼らの声なき声を，写真として記録し続けた。スミス本人も1972年にチッソ工場を訪問した際，会社側が雇ったとされる暴力団から暴行を受け，カメラを破壊された上に，脊椎の骨折と片目を失明する重傷を負わされている。スミスは満身創痍となりながらも，ミナマタの出来事を，自らが被った痛みと同様に引き受け，その悲劇を世界に発信し続けたのである。（参考文献：W.ユージン・スミス／アイリーン・M.スミス『写真集 水俣』中尾ハジメ訳，三一書房，1991年）

4 水俣病に関する訴訟と法整備

　水俣病の原因が特定され，チッソが加害企業であることが判明しても，公害認定や患者に対する賠償には時間がかかった。水俣病が国から正式に公害と認定され，賠償の対象となったのは1968年であり，最初の患者の発見から12年を経ている。この公害認定を踏まえ，1969年から水俣病の損害賠償請求訴訟が始まった。チッソがその危害を知りつつ廃水を「故意」に排出し続けたのか，危険性を知りえなかったための「過失」なのかが裁判の争点となったが，1973年の判決では，熊本地裁が患者側の主張を全面的に認め，原告勝訴となった。

　また1976年には，チッソの責任者2名が**胎児性水俣病**患者に対する「業務上過失致死傷罪」で起訴され，後に有罪判決を受けている（日本では初の胎児に対する「危害」が有罪とされた判例である）。チッソは1958年に，社会的な評判も考慮し，工場廃水の排出先を焦点となっている水俣湾から水俣川河口付近へと変更した。この決定は，結果的には廃水を不知火海全域に拡散させ，患者発生・汚染被害をより拡大することとなった。

　そして水俣病公式確認から20年を経た1976年，当時の社長・工場長が刑事責任を問われた。しかし困ったことに患者らへの業務上過失致死傷罪で起訴しようにも，当時発症した患者の多くはすでに亡くなっており，時効となってしまっていた。提訴できたのは，1960年に生まれた時から水俣病を発症し，13歳で亡くなった下村少年の存在があったからである。彼は亡くなる2週間前，原田正純医師より「胎児性水俣病」の診断を受け，病理解剖の結果，確定診断された。1973年の下村少年の死から3年が経過し，時効を迎えるわずか1か月前に，「胎児に対する業務上過失致死傷罪」での起訴が成立したのである。以後，水俣病に関わる訴訟は，患者と認定されなかったものの（認定要件とされる症状のすべてを発症していない等），水俣病様の症状に悩まされてきた人々による補償請求や，国や県の責任を問う訴訟などが続き，いまだに解決を見ていない。

　水俣病患者を原告とする裁判が続く中，国は公害に関する法整備に着手し

＊5　原田正純『水俣病は終っていない』岩波新書，2014年，119頁。

第12章　水俣病の悲劇から何を学ぶか？　　149

た。水俣病裁判をはじめ，加害企業の責任を過失か故意かと追求することが，かえって環境改善や患者への救済を遅らせたという反省もあり，1972年，公害発生企業に故意・過失の有無を問わず賠償責任を負わせる**無過失責任**という原則のもと，法整備を行うことが決定された。また汚染環境の回復費用や公害被害者の補償費用は，汚染者である公害発生企業が負担すべきという原則（**汚染者負担の原則**＝PPP：Polluter Pays Principle）も導入された。これらの原則を踏まえた内容で，1974年に**公害健康被害補償法**が施行された。

5　予防原則の重要性

　1990年代以降は，世界的に発生した公害や環境汚染問題に対処するため，新たな考え方が生み出され浸透していくことになった。1992年の**地球サミット**で採択された「**リオデジャネイロ宣言**」（第15条）には，以下のようなくだりがある。

　　環境を保護するため，予防的方策（precautionary approach）は，各国により，その能力に応じて広く適用されなければならない。深刻な，あるいは不可逆的な被害のおそれがある場合には，完全な科学的確実性の欠如が，環境悪化を防止するための費用対効果の大きい対策を延期する理由として使われてはならない。

　技術者は当然ながら，今までに実証されてきた科学的事実や法則に基づいてそれらを応用・実用化しなければならない。しかしリオ宣言の第15条では，「科学的確実性」がなくても，先立って予防的な措置をとるべく行動しなくてはならないと記載されている。「予防的（precautionary）」とは，直訳すれば「あらかじめ警戒する」という意味である。このリオ宣言に書かれたよ

＊6　映画監督の是枝裕和が執筆した『雲は答えなかった 高級官僚その生と死』（PHP文庫，2014年）というノンフィクションがある。これは環境庁（当時）企画調整局局長（事務次官に次ぐナンバー2の地位）であった山内豊徳が，水俣病裁判の国側の責任者として患者側との和解拒否の弁明を続ける中，自ら死を選んだ顛末を取材したものである。水俣病とその一連の訴訟は，患者のみならず，関与したあらゆる人々に深い傷を残したことがよく分かる。また訴訟の中で「ニセ患者事件」が起きる等，被害者の間でも分断が進んだ。

うな考え方は，**予防原則**（precautionary principle）と呼ばれ，技術者の行動指針に取り入れられていった。予防原則は，「技術と結果の因果関係や，技術の安全性が不明なとき，科学的確実性がなくても，何らかの被害を予防的に防止する措置を講じる」よう行動することを技術者に求める原則である。「科学的確実性がない」とは，例えば現段階で，ある技術が危険であるという科学的証拠が得られていない場合，その技術は安全でもありうるが，実は科学的には証明されていない何らかの危険性に気づいていないということもありうる。中でも環境や生態系のように，修復困難で不可逆に破壊されるかもしれないものについては，あらかじめ慎重に予防原則を適用すべきだろう。しかし予防原則は，環境に関する領域に特別なことではなく，あらゆる技術は，それ自体に不確実性が含まれるという考え方を示してもいる。

技術の「**不確実性**（uncertainty）」という言葉は，よく耳にする「**リスク**（risk）」とは意味が異なることに注目してほしい。例えば「リスク管理」や「リスクコントロール」という言葉がよく用いられる。それはリスクが管理やコントロール可能だからこそ言われる言葉であって，不確実性の管理をして下さい，と言われても何を管理してよいかは分からない。よって不確実性とリスクの違いは，以下のように説明することができる。

- **リスク**：どのような危害が起こるか，その内容も発生頻度も知られているような危害のこと。
- **不確実性**：どのような危害が起きるかは未知であり，発生確率も不明なもの。（ただし危害の内容はある程度知られている，と考える立場もある。）

リスクについては，内容も発生頻度も把握できるため，リスク計算が可能となる。例えば自転車事故のリスクは，軽傷で済む人も多いが，発生頻度が非常に高い。一方，航空機事故のリスクは，発生した場合，生命にかかわる恐れが高いが，世界各地で飛び交うフライト数に比してめったに発生するものではない。よってリスクは，危害程度と発生確率との積で把握することができ，計算上は自転車事故のリスクの方が高く見積もられるのである。有名な「**ハインリッヒの法則**（**ヒヤリハットの法則**）」も，「１つの重大事故の背景には，29の軽微な事故があり，その背景には300の異常（ヒヤリ・ハッ

ト）が存在する」というように，リスクの計算可能性を法則化したものである。したがってリスク計算をいかに正確に行うかは，技術者の重要な能力とみなされる。

　一方，不確実性は計算も法則化もできない。技術の不確実性であれば，それを開発した科学者や技術者ですら，何が起こるかについて正確には予見できない。だからこそ予防原則は，技術にそのような性質が伴うことを，技術者たちがよく理解した上で行動するべきだということを示しているのである。

6　予防原則の先へ

Late Lessons from Early Warnings（直訳すれば『早い警告からの遅い学び』）という本がある。これは1890年代から1990年代までの100年間で，職場，公衆，環境に有害なもの（PCB，ダイオキシンなど）を扱う際に，「予防」の概念がどう扱われ，どう無視されたのか，またどのように誤って適用された可能性があるかといった事例について，欧州環境庁がまとめたものである。この中に興味深い指摘がある。技術者や行政関係者は，技術評価と公共政策立案にあたっては，「リスク」および「不確実性」と同様に，「無知（ignorance）」を認識し，それに対応することが重要だというのだ。技術は常に変化を続ける。ということは，現時点で最善と考えられている技術もまた，新たな知見が後から出てくることによって，その欠点が明らかになる可能性を秘めている。つまり人間がいかに技術開発を進めても，技術開発という行為そのものが，無知という領域を伴うブラックボックスであることを認める必要があるということだ。

　だから環境問題についても，単に技術開発を手控えればよいというわけではない。例えば技術者は，現在の社会のニーズを満たしつつも，より環境負荷の少ない代替可能な選択肢を提供することができるかもしれない。欧州環境庁は，ある技術を評価する際，代替案となる選択肢についても評価し，科学者や技術者などの専門家の知識と同様に，専門家以外の人たちや地域住民の知識も活用することを提唱している。水俣病の場合は，予防原則という考え方もなく，当然その措置もとられなかったが，漁師や母親といった当事者たちの声を丁寧に聴いていれば，より早く真実が見えた（すなわち科学的知見の進展に至った）かもしれない。

◉まとめ

　水俣病は，どのようにすれば危害を予防し，あるいは削減できたかという問いを私たちに突きつけている。科学的確実性がなくとも，技術導入や評価にあたっては，リスク評価はもちろん，不確実性を事前に考慮しなければならない。しかしリスク評価や予防原則の適用は，技術者や企業の意向だけを考えて行ってはならない。技術を利用する受益者はもちろん，地域社会，環境，動植物などの福利について，十分な配慮が必要となるだろう。

　また予防原則はきわめて重要だが，法的・道徳的な規範としての絶対性はなく，予防原則を絶対的な規範として，リスクゼロを目指すならば，技術開発が不可能となってしまう。科学者・技術者は，常に無知と不確実性の上に立つことを自覚しつつ，市民や専門家など，様々な人が，それぞれの立場からどのようにリスク評価を行っているか，互いに理解し合う**リスク・コミュニケーション**をとり続ける必要がある。

◉それでも残る問い～発展学習～

　もしあなたがチッソの技術者だったらどう行動しただろうか。猫400号実験の結果を受けて，あなたならそこで廃水を止めるという決断ができたか，考えてみてほしい。当時のチッソの技術者・科学者たちの知見では，大海に流れ込む有機水銀の量は，人体に影響するほどの濃度にはならないというもので，食物連鎖によって**生物濃縮**が生じることは，科学的な常識ではなかった。また母親の胎盤を通して胎児が水銀に曝露されることも，今では常識的に知られているが，当時その可能性を確信していたのは，医学界では原田医師らに限られていた。科学的な証明や経験的な実例がなくても，あなたは新たな決断の一歩を踏み出すことができるだろうか？　技術や科学にたずさわることは，確実な科学法則に基づいてそれを運用しているように見えても，不確実性と無知との中で何らかの決断をすることなのだ。もちろん技術者に限らず，人は前例のないことを試みる決断を避けてしまう弱さを持ち，不確実性と無知において生きている存在であることは疑いようがない。

　　■より学びを深めたい人への読書案内
　　石牟礼道子『苦海浄土』（池澤夏樹個人編集『世界文学全集』第3集所収），河出
　　　書房新社，2011年

第12章　水俣病の悲劇から何を学ぶか？　　153

原田正純『水俣病は終っていない』岩波新書，2014年

是枝裕和『雲は答えなかった──高級官僚その生と死』PHP 文庫，2014年

欧州環境庁編『レイト・レッスンズ──14の事例から学ぶ予防原則』松崎早苗監
　訳，七つ森書館，2001年

加藤尚武編『新版　環境と倫理──自然と人間の共生を求めて』有斐閣アルマ，
　2005年

【ドキュメンタリー映画】

土本典昭『水俣─患者さんとその世界─』（1971年）

土本典昭『水俣病─その20年─』（1976年）

土本典昭『水俣病─その30年─』（1987年）

第13章

私たちは誰に配慮
しなければならないのだろうか？

生態系と人間

【学習目標】

☞技術開発と，自然や生態系との関係について理解し，動植物も含め，
どのような社会が望ましいかを考える。

【キーワード】

☞環境倫理　生態系　生物多様性　環境アセスメント

🐱ルクス君たちネコ科の動物は，野生ではいろいろな種類がいるね。

😺トラやヒョウたちだな。彼らは同じ種でも，少しずつ特徴が違った
り，生息場所が異なる「亜種」がたくさんいる。トラだったら，ア
ムールトラやスマトラトラ，ベンガルトラもいる。でも9種の亜種
のうち，3種はすでに絶滅したと言われている。地上最強のネコた
ちなのに。

🐱イヌ科のオオカミもたくさん亜種がいるよ。でもニホンオオカミは
過去50年間生存確認がされていないから，絶滅したみたいだ。人間
による駆除や，狂犬病の流行などが要因らしいけれど，これも「自
然淘汰」なんだろうか。亜種が一ついなくなっても問題はないのか
なぁ。

😺俺はそうは思わないな。オオカミの亜種はたくさんいるかもしれな
いけど，そこに生息していた動物がいなくなるっていうことは，他
の動物や植物，人間や俺たちにも影響がおよぶからね。

155

🐰 最近，日本でシカやイノシシが増えているのは，ニホンオオカミが
いなくなったからだっていう説もあるみたいだね。

😺 人間も動物も植物も，みんな無関係ではいられないさ。

1　くまモンは九州にはいない！？

　2017年度，秋田県内でのツキノワグマの捕殺数は，前年度の1.7倍に急増
し，推定生息数の6割弱にあたる871頭に上った[*1]。また，クマによる死傷者
も2009年以降，最多の20人となった。住民の要請に応じた結果，クマの捕殺
数も増えたのだという。

　ツキノワグマは，国際自然保護連合（IUCN）の「レッドリスト（絶滅の
おそれがある野生動物)」で「危急種（VU)」に指定されている[*2]。環境省に
よると，九州ではすでに絶滅したと考えられ[*3]，四国では「絶滅のおそれのあ
る地域個体群」とされる。熊本県のゆるキャラは「くまモン」だが，熊本県
に野生のツキノワグマは生息していないのである。絶滅のおそれがある動物
というと，トキのように手厚く保護されていると思われがちだ。ツキノワグ
マは「絶滅のおそれがある野生動物」であるが，環境省が策定している「特
定鳥獣保護管理計画」に基づいて頭数調整（捕殺）が実施されており，これ
に加えて狩猟および有害捕獲も行われている。

　「有害捕獲」とは，「生活環境，農林水産業又は生態系に係る被害防止」の
ことで，人の生活や農作物への被害があれば，捕獲あるいは捕殺が認められ
ることになる。冒頭の秋田県でのクマ捕殺数の増加は，人が生活したり山菜
を採取したりする里山にクマが出没するようになって，農作物を食べたり，
人と遭遇したりする事態が増えたためと推測される。

　それではなぜ，絶滅が危惧されるほど数少ないツキノワグマが，頻繁に人と

＊1　朝日新聞デジタル（2018年1月7日）（https://www.asahi.com/articles/ASKDP5
R4PKDPUBUB010.html）

＊2　国際自然保護連合（IUCN）では，「絶滅のおそれのある野生生物」をレッドリ
ストとして，三つのカテゴリーに分類している。絶滅のおそれが高い順に，「近絶
滅種 CR: Critically Endangered」，「絶滅危惧種 EN: Endangered」，「危急種 VU:
Vulnerable」とされる。

＊3　2012年，環境省はツキノワグマを九州における絶滅種に指定した。

遭遇したり，捕殺されたりしているのだろうか。中にはこう考える人もいるかもしれない。自然は年月によって姿を変えるものなのだから，クマの生態だって変わる。それは自然法則に従っているに過ぎないのだ，と。たしかに野生動物の実態は，人間には計り知れない部分もある。しかし専門家によれば，近年のクマと人との遭遇増加は，今まで野生動物と人の生活圏との緩衝地帯となっていた中山間地域で過疎化や高齢化が進んだことや，森林開発がクマの生息地を分断してきたことなどが大きな要因とされている。つまり人間が自然環境を変えてきたことや，人間の社会構造や産業構造の変化が，野生動物の生態に大きな影響を与えているということになる。

2　人間の技術は自然環境を変える

　人間と動物との関係性は，実は哲学や倫理学でも重要なテーマである。哲学者・経済学者マルクス（Karl Marx）は，人間と動物との違いを次のように説明する。「動物は環境を変化させることはない。環境を変えるのは，人間とビーバーだけである」。

　ビーバーは樹を歯でかじり倒し，川を堰き止めて巣を作る。いわゆるビーバーのダムである。彼らがダムを形成するのは，巣の出入り口を水没させ，巣の中の床面が水上に出るよう，水面を調節するためである。ビーバーの作ったダムは全長何百メートルにも及ぶものがあり，水辺の動植物にとっても格好の住処となる一方，樹を倒し洪水を引き起こすなど，環境破壊を招く場合もある。しかしマルクスはこう続ける。「ビーバーは他の個体の家まで作ってやったりはしないが，人間は他人の家まで作ってやる」。人間は他人が住む家まで作り，それを売ったり買ったりして，経済社会を構築してきた。マルクスはビーバーを例に出して，余剰資産を生む経済の本質について説明したわけだが，この話は，人間が技術によって環境を変えるという側面を持つことをも示している。

　人間は，科学によって自然の法則や秩序を発見し，科学の原理に基づいて技術を開発してきた。科学的原理の発見は，真理の探究という性格を強く持

＊4　山﨑晃司『ツキノワグマ——すぐそこにいる野生動物』東京大学出版会，2017年。
　　信州大学山岳科学総合研究所編『ツキノワグマの生態学（山岳科学ブックレット8）』オフィスエム，2011年。

つが，技術は，何らかの真理を発見することを目指しているわけではない。というのも技術とは，何らかの実用目的に基づき，目的を実現するための手段として科学法則を応用したものだからである。もともと技術は，"人間の，人間による，人間のための"ものだった。新たな技術は，人間の生活や社会，歴史を変えてきた。そして技術は，私たち人間の社会や文明だけでなく，自然や地球環境をも変える大きな力を持つようになった。人間は自然を大幅に変える力を持っているからこそ，人間は自然の変わりゆく姿にも責任を有するのではないだろうか。

　クマより人間の生活のほうが優先されるべきだという意見もあるかもしれない。人間の側から見れば，誰もクマと遭遇して怖い思いをしたくないし，ましてや命の危機に曝されたくはない。クマのように人間の生活を脅かす場合がある野生動物は，「害獣」と呼ばれることもある。しかしクマは人が怖いから攻撃してしまう。このようなクマの行動が，果たして「死（捕殺）」に値するようなことなのだろうか？　哲学や倫理学は，自分の感情や世間の常識から一歩離れて，理性の力や想像力を使って，もう一度考え直してみたり，他者の立場に立ってみようとする試みである。特に倫理学は，従来，人と人との関係に限って，そのような営為を繰り返してきた。しかし近年，倫理学は「他者」を人だけでなく，動物や自然といったものにまで配慮の対象を広げてきている。この流れは環境倫理とも呼ばれ，一連の歴史を持っている。

=== コラム ===

あなたの足跡のサイズは？：エコロジカル・フットプリント

　「人間活動」という言葉が一時はやったことがあった。人気歌手がアーティストとしての活動を一時休止し，新しい経験や知識を得て成長する期間にしたいとの意向を「人間活動に専念する」と表現したことがきっかけだった。そのため人間活動という言葉は，個人としての生活を充実させるといった内容で使われがちだ。しかし人間活動とは，環境問題に関する文脈で使う言葉で，人間が文明を開始して文化的な生活をし，産業や経済などの事業を行う，人為的なすべての営みのことを意味する。動物や植物の活動に比べ，人間の生き方は多くの資源を必要とし，多くの廃棄物を排出する。

人間がいかに環境に負荷を与えているかを表すため，マティース・ワケナ
ゲル博士らによって開発された「エコロジカル・フットプリント」という指
標がある。一人の人間がその生活を維持するために必要となる，地球上の土
地および海の平均面積を計算した値だ。ある人が生活を維持するにあたって，
食糧生産に必要な土地面積や，道路や建築物に必要な土地面積，化石燃料消
費によって排出される二酸化炭素を吸収するために必要な森林面積などを算
定する。「フットプリント」とは足跡を意味する。よってエコロジカル・
フットプリントという指標は，人間がどれくらい自然生態を踏みつけ，その
面積を占めているかを数値として示すものなのである。
　WWF ジャパンによる2017年度報告では，エコロジカル・フットプリント
の世界平均が2.9gha（グローバル・ヘクタール）であるのに対し，日本人
一人当たりの平均は5.0gha である。世界中の人々が日本人と同じような生
活をしたら，地球が2.9個必要となる。地球１個で暮らすことができなけれ
ば，人間活動の結果は自然生態の負担能力を超え，資源の枯渇や，動植物の
絶滅，地球温暖化などを招くことになる。

3　環境倫理学の系譜

　環境倫理（environmental ethics）について，哲学者デ・ジャルダンは次
のように定義している。「環境倫理学とは，人間と自然環境の道徳的関係に
ついての体系的説明である[*5]」。人間と自然環境とがどのような関係にあるの
かという問題については，様々な論者によって，功利主義や義務論など異な
る立場から論じられている。
　オーストラリアの哲学者**パスモア**（John Passmore）は，1974年に『自然
に対する人間の責任』という著作を発表している。ここでパスモアは，人間
には自然に対する責任があることを述べつつも，人間には環境そのものに対
する直接的な責任はなく，自らが悪化させた環境によって害を受ける他人に
対する責任があると論じている。パスモアの主張は，人間が自然環境との関
係を新たにしていく必要性を説きながらも，人間にとって自然環境が悪化す
ることを主要な問題としている。このような立場は，自然を通じた人間と人

＊5　J. R. デ・ジャルダン『環境倫理学──環境哲学入門』新田功・蔵本忍・生方卓・
　　大森正之訳，出版研，2005年，23頁。

間との関係に注目していることから，**人間中心主義**（anthropocentrism）と呼ばれる。パスモアの議論は，公害事例で加害者の責任を問う場合には有効に働くかもしれないが，自然保護区の保全かあるいは産業開発を進めるべきかといった利益相反が生じる問題については，「人間にとって環境が悪化しなければよい」という立場を示すことしかできない。

　パスモアの議論を受けて学者たちは，人間にとって自然はどのような存在なのかということを考えはじめた。人間から見たら，自然は「利用できるからよいもの」と捉えられるかもしれない。しかしこのような考え方は，自然を都合のよい「道具」として扱っており，人間にとって役に立つという**道具的価値**（instrument value）を自然の中に見出しているに過ぎない。もしあなたが友人から，「君がいると都合がいい」，「君は利用できる」などと言われたらどんな気持ちがするだろうか。おそらくその相手とは，配慮ある関係を結ぶことはできなくなるだろう。他方「君がいるだけで私は幸せだ」とか，「君はそのままで大切な存在だ」と言われたらどうだろうか。あなたは自分が価値ある存在だと思えるだろうし，自尊心を持つことだろう。それはあなたが誰かのために役に立つとか，目的に対して有用だとかいったこととは異なる，それ自体としての**内在的価値**（intrinsic value）を持つということを意味しているからである。自然は私たち人間のように，感情や理性を持ち，人格を持つわけではない。だからといって，人間は自然に対して何をしても許されるのだろうか。人格や理性を持つものだけ，あるいはどのような感情を抱いているかを理解できる相手だけといったように配慮の対象を限定することによって，人間は自然をはじめ，動物や植物，また「理性を持たない」とみなされた人（従来の社会において，女性は男性のような理性がないと考えられてきたし，障がいのある人は人権を認められてこなかった）を排除したり，搾取したりしてきたのである。環境倫理は，中でも人間による自然に対する支配を省みる考え方である。

4　動物の権利，動物の解放

　自然には道具的価値ではなく，それ自体に内在価値があると想定してみよう。すると，それを人権と同様に自然の権利とするべきなのかどうか，自然の権利をどこまで認めるかという新たに考察すべき課題が生じてくる。野

生動物の事例であれば，クマの個体が捕殺されても，クマという種を滅ぼしてしまわなければ問題はない，クマ一頭が生きる権利は，人間一人が生きる権利とは全く価値が異なると多くの人が考えるだろう。しかし倫理学においては，動物の個体それぞれを配慮の対象とし，内在的価値を見出す考え方もある。アメリカの哲学者**リーガン**（Tom Regan）は，個別の動物にも人間のように「動物の権利」があることを提唱した思想家として知られている。リーガンによれば個別の生命体は，それが人間であろうが動物であろうが，内在的な価値を有しており，他者はその生命に危害を加えてはならない。このようなリーガンの動物の権利論は，カントの義務論（deontology）を基盤としており，いわばカントの人権論の動物版である。すなわち権利主体は，何らかの目的に対する手段として価値があるのではなく，それ自体として尊重されるべき存在である。動物の権利論は，人間以外のものを道徳的配慮の対象とみなし，他者の幸福のためといったような理由（例えばクマを殺せば人間の利益が増える）があったとしても，権利あるものを犠牲にしてはならないと捉えた点において画期的な理論であったが，権利の範囲をどこまで拡大するかが難しい問題となってくる。例えば微生物の一個体も，権利主体として尊重すべきなのか。あるいは肉食獣のような捕食動物が他の生物を殺して食べるのは，権利侵害なのか。リーガン自身は，権利主体を「1歳以上の健康な哺乳類」と，ある程度限定することにより，この問題を解決しようと試みている。この場合，一歳以上の哺乳類は，個体ごとに固有の価値を持ち，人権同様に，手段として利用されない存在とみなされる。

　一方，リーガンとは異なるアプローチで動物を道徳的配慮の対象と捉えたのが，**シンガー**（Peter Singer）である。シンガーは選好功利主義という立場から，利益（interests）を持つものは平等に配慮されるべきであるという考えを提唱した。シンガーは，ベンサムが功利主義に基づいて主張した，人間でも動物でも苦痛をおぼえるものを平等に配慮すべきという考えに立ちつつ，それをより洗練させている。ベンサムは「最大多数の最大幸福」を唱えたが，何を幸福と思うかは，人（もしくは動物）それぞれだ。シンガーによれば，何を幸福と感じるかはそれぞれ異なるが，何らかの選好（＝「〜したい」「〜でありたい」）を持つものは，人間であろうが動物であろうが，平等に配慮すべきということになる。例えば，生き続けたいと選好している存在を殺し，その選好を妨害することは，不正である[*6]。平等な配慮という観点に

立つならば，動物だからといって，生き続けたいという選好を人間のそれより軽く見てよいということにはならない。選好功利主義は，最終的には最善の結果を目指すが，それは快楽を増進し苦痛を軽減すればよいというだけでなく，関係者の利益あるいは利害が比較考量された上で，最大限実現され促進されることを目指すからである。[*7]

　このようなシンガーの選好功利主義は，人間がなぜ野生動物に配慮しなければならないのか，という疑問に対する一つの答えとなる。つまり野生動物もまた何らかの利益を持っている「利害関係者」である点は，人間と変わりない。ツキノワグマの事例で言えば，クマの望みの充足もまた，人間の望みの充足と比較しつつも，社会を構成する「利害関係者」として，彼らの利害も平等に考慮されなければならないということになる。クマの選好を考えるなどばかばかしいと思う人もいるだろう。シンガーは，人間とは異なる種の生物について，同じように配慮する必要はないという考えを種差別（speciesism）と呼び，それが許されるならば，肌の色が異なるだけで他者を排除する人種差別や，異なる性別の他者を排除する性差別も認められることになりかねない，と述べた。シンガーの「種差別」という考え方は，奴隷解放や女性解放と同様，動物も平等に道徳的配慮を受ける存在とすべきだという「動物解放論」へとつながるものである。

　このようにシンガー，リーガンはアプローチの方法が全く異なるが，感覚のある生物，すなわち**有感生物**（sentient being）への配慮を重視する点では共通している。[*8]

5　生命中心主義

　環境倫理の中には，**生命中心主義**（biocentrism）という立場もある。有感生物への配慮という考え方では，感覚があるかどうか人間には分からない動物や植物が，道徳的配慮から排除される可能性があり，それを不正と捉え

＊6　P. シンガー『実践の倫理　新版』昭和堂，1999年，114頁。

＊7　同前，16頁。

＊8　そのためリーガンやシンガーの立場を「有感主義」と分類することも可能である。伊勢田哲治「動物解放論——動物への配慮からの環境保護」加藤尚武編『環境と倫理——自然と人間の共生を求めて』有斐閣アルマ，2010年。

るのが生命中心主義だ。**テイラー**（Paul Taylor）は，生命の目的論的中心（teleological center）という概念を提唱し，あらゆる生命に内在的な価値を見出そうとしている。つまりテイラーは，自己意識も感覚もない（ように見える）植物であっても，向かうべき**テロス**（telos）を持って，その生命を維持していると考える。テロスという言葉は，第3章で学習したように，アリストテレスが，目的や目標という意味で用いていた言葉である。アリストテレスにとって，テロスにかなったものは善である。テイラーもアリストテレスにならい，生命あるものは全て，その繁栄すなわちテロスの充足を目指していると捉える。そしてその生命が，自らの目標を意識していようがいまいが，客観的に見て，おのおのの生命はテロスを満たすべく生きているのである（生い茂る植物がよい事例だろう）。テイラーのこのような立場は，生命中心主義の典型であり，人間は人間，植物は植物のテロスをそれぞれ追及すればよい，ということになる。しかしテイラーの生命中心主義は，テロスの追求が利益相反や利害関係者の対立を招いた場合，どのように考えるべきかという答えを示してはいない。

6　生態系中心主義

　シンガーやリーガンは，感覚のある動物を配慮の対象とした。有感生物を配慮するということは，感覚を持つ個体それぞれを対象とすることになる。またテイラーの生命中心主義は，あらゆる生命あるものを配慮する立場とされる。それではこれらの考えは，「自然」をすべて包含し，配慮していると言えるだろうか。山や川，土，水，大気などは含まれているだろうか。シンガーやリーガンが注目する「個体」は，決して単独で存在しているわけではない。その個体を取り巻き，育んできた有機的なつながりの上に成立している。「有機的なつながり」とは，自然科学の言葉では**生態系**（ecosystem）と呼ばれ，人文学や社会科学の言葉では，共同体と呼ばれてきた。

　長年米国で森林管理官として働いてきた**レオポルド**（Aldo Leopold）は，1949年に『野生のうたが聞こえる』という書を著し，土地倫理（land ethic）という概念を提唱している。レオポルドは，土壌，水，植物，動物を含めた「土地」にまで倫理的配慮の対象を拡大しようと試みた。この場合の倫理的配慮は，個別の存在を目指すのではなく，個別の存在を含む共同体というつ

第13章　私たちは誰に配慮しなければならないのだろうか？　　163

ながりを持った全体を，尊重すべき対象と捉えることになる。レオポルドや，レオポルドを現代に継承した**キャリコット**（J. Baird Callicott）は，このような立場から**生態系中心主義**（ecocentrism）を提唱する。すなわち，私たちが配慮すべきなのは，個体というよりも生態系全体の維持に対してである。例えば野生動物のある個体に対して「捕殺」などの危害を与えることは，生態系のバランスを維持するためなどの場合は不正ではない。しかし生態系を構成している特定の種を滅ぼすことは，**生物多様性**（biodiversity）や生態系の維持をおびやかすため，不正な行為ということになる。レオポルドによれば，ある行為が生命共同体の統一性や安定性を保護するものであれば正しいが，そうでなければ不正だとみなされる。またキャリコットによれば，生態学的関係が個別の有機体の性質を決定するのであって，その逆ではない。例えば，ある生物種がまさにその種であるのは，それが生態系における特定のポジションに適応してきたためである。ここで問題となるのは，個人が先にあるのか，共同体が先にあるのかといったことではない。個別のものと全体とは切り離せないつながりを持っており，個別のものを真に配慮しようとすれば，それが存在する相互依存システムとの関連の中で配慮しなければならない，という点が重要なのである。私たちは，自然環境とそこに生きるものは，人間も含め，そのような関連性のなかにあるのだという認識を新たにする必要がある。

◉まとめ

　さて，本章はクマ捕殺の問題から始まった問いについて考えた。私たちは誰に配慮しなければならないのだろうか。ヒトもクマも，自然環境の有機的なつながりの中で存在している。そのため，個別のクマに対しての配慮，クマという種に対しての配慮，生態系への配慮，といった多層的な問題を想定した上で，自分はどう行為するべきかを考えていかなければならない。自然環境を変える力を持つ技術や人工物を生み出す上で，あるいは技術を利用していく上で，私たちはどうすべきなのだろうか。まず明らかなのは，技術は人間だけでなく動植物や自然に配慮しつつ開発されなければならないという点だろう。その際，人間が持つ想像力や先を見越すことができる能力を最大限発揮し，ある技術が自然環境や動植物に対して，どのような影響を与え得

るのかを，影響の程度，範囲，対策について，事前に評価し予測しなければ
ならない。

　このような**環境アセスメント**は，あくまでも技術や開発の実施の事前に行
われなければならない。というのも，もしある技術が自然環境を不可逆に変
えてしまうとしたら，その実施の可否も含め，あらかじめ広く社会に問うて
いかなければならないからだ。人間の技術は人工物を形成することはできる。
しかし，ツキノワグマを絶滅させてしまったら，もう元に戻すことはできな
い。そしてツキノワグマも含めて形成されていた生態系のバランスも元には
戻らない。

　私たちにとって，「迷惑」なツキノワグマという動物は，クマの一亜種に
過ぎない動物かもしれないし，彼らが滅んでも私たちの生活に何ら影響がな
いし，むしろ便利かもしれない。しかし人間は自然環境の行く末にも影響し
うる力を持つと同時に，想像力や配慮する力を持つ存在だ。力を持つものに
は，それを正しく使う義務や責任も生じる。そしてヒトもクマも，生態系の
内に生きている生物であることには変わりがない。人間が生態系の内に生き
ていることを踏まえた上で，同じ生態系に生きる他の生物との関係性を模索
する必要があるのではないだろうか。

◉それでも残る問い〜発展学習〜

　人間による科学技術の開発は環境を変え，環境にまつわる問題を新たに作
り出してきた。技術が引き起こした問題は，よりすぐれた技術によって解決
すればよいという考え方も確かにある。例えば再生可能エネルギーや，水素
自動車の開発など，私たちは新たなテクノロジーに，多くの問題解決を期待
している。しかし私たちは，技術開発にあたって，そもそも何に価値を置き，
何を目標とするかを考えた上で，開発を推進すべきではないだろうか。私た
ちが野生動物と共生することに価値があり，それを目標と考えるならば，
「共生」のための技術開発が目指されるだろう。例えば，近畿日本鉄道では，
野生動物と列車との衝突を避けるため，京三製作所に開発を委託した侵入防
止システム「シカ踏切」を導入している。これは超音波により鹿の線路侵入
を制御するもので，2017年度グッドデザイン賞を受賞している。受賞にあた
り審査員は，「野生動物の視点で考えることの大切さを教えられた」ことも
評価ポイントとしている。

さらに環境アセスメントのような技術の影響の評価は重要だが，技術の影響が及ぶ範囲を，いったいどこまでの時間的・空間的な領域に想定すべきなのだろうか。私たちの子ども世代に豊かな環境を残すことができれば十分だろうか。また私たちが暮らす市町村が，昔ながらの姿を保っていれば十分なのだろうか。次章では，技術の影響の及ぶ範囲を考える際に，ヒントとなる「世代間倫理」について取り上げる。

■より学びを深めたい人への読書案内
加藤尚武編『環境と倫理——自然と人間の共生を求めて』有斐閣アルマ，2010年
近畿化学協会化学教育研究会編『環境倫理入門——地球環境と科学技術の未来を
　考えるために』化学同人，2012年
J. R. デ・ジャルダン『環境倫理学——環境哲学入門』新田功・蔵本忍・生方卓・
　大森正之訳，出版研，2005年
K. S. シュレーダー・フレチェット編『環境の倫理（上）（下）』京都生命倫理研
　究会訳，晃洋書房，1993年
P. シンガー『動物の解放　改訂版』戸田清訳，人文書院，2011年

第 **14** 章

私たちは将来世代に
責任を負うのだろうか？

技術と世代間倫理

【学習目標】
☞将来世代や開発途上国の人々など，時間と空間を隔てた存在に対する責任について，「持続可能性」という概念を理解しつつ考える。

【キーワード】
☞持続可能性　世代間倫理　拡大生産者責任　地球温暖化

🐱 最近，僕たちにもエアコンは必須のアイテムになっちゃったね。

😺 特に夏はね。毎年暑さが増す一方だ。

🐱 室内にいる僕らはいいけど，外で暮らす動物は大変だよ。

😺 地球温暖化の影響で，絶滅が危惧される動物も多いみたいだ。

🐱 北極の氷が減ると，ホッキョクグマが生きられなくなるね。

😺 寒い所の動物だけじゃないんだ。気候が変わったら植生も変わる。
植物をエサにしている動物は，それが食べられなくなる。

🐱 竹やユーカリしか食べないパンダやコアラは大変だ！　熱い場所の
動物や，水に住む動物も厳しいよね。

😺 干ばつや森林減少，海水の温度上昇で，エサも住処も危うくなるん
だ。アフリカゾウやシロナガスクジラのような大きな動物たちもい
なくなってしまうかもしれないらしい。

🐱 将来は，僕ら犬や猫しかいない世界になるのかな。僕たちはヒトと
うまく付き合って，生き残ってきたけどね。

167

😺 俺たちとは違う生き方をする動物も，みんな楽しく生きられる世界が
続いてほしいものだな。

1 「持続可能性」は誰のため？

犬のヴェリタス君と猫のルクス君が嘆いていたように，地球環境の変化は，
温暖化のように誰しもが切実に実感する問題となってきている。しかも私た
ちが何も行動を起こさなければ，その不作為によって自然環境や野生動物の
生態がさらに脅かされていくことは確実だろう。私たちはすでに地球環境に
多大な負荷をかけているが，私たち人間は，どこまで将来にわたって地球環
境を持続すれば，十分に責任を果たしたことになるだろうか。

1987年，「環境と開発に関する世界委員会（委員長：ブルントラント・ノ
ルウェー首相)」が公表した報告書 "Our Common Future" において，**持続
可能性**（sustainability）という言葉が取り上げられた。ここで言われた「持
続可能性」とは，「将来の世代の欲求を満たしつつ，現在の世代の欲求も満
足させるような開発」という意味であった。注目すべきポイントは二つある。
すなわち私たちが豊かな生活を求める欲求そのものを肯定したことと，「将
来の世代」という観点が導入された点だ。特に近年では，技術開発に関して
も，**持続可能な開発**（sustainable development），すなわち現在使用可能な
資源を使い尽くすのではなく，再生可能エネルギー技術の開発など，次世代
の資源利用や生活維持をも見越した技術開発が推奨されるようになってきて
いる。人間の欲求の肯定に関する是非はともかく，持続可能な開発について
は，その後，様々な学者により詳細な定義がなされている。

経済学者デイリー（Herman Daly）は持続可能な開発について，次の三つ
の条件を示している。

1. 土壌，水，森林，魚など再生可能な資源の利用速度は，その再生
速度を超えてはならない。
2. 化石燃料，鉱石，深層地下水など，再生不可能な資源の利用速度は，
それに代わり得る再生可能な資源を開発する速度を超えてはなら

ない。

3. 汚染物質の排出速度は，環境がそうした物質を循環し吸収し無害
化できる速度を超えてはならない。

したがって資源枯渇を招くような使用や，環境の自浄能力を超えた利用は，
次世代に対して，現在私たちが享受しているような自然環境や天然資源を残
すことができないため，容認されないことになる。持続可能性についてのこ
ういった考えはもっともなようにも思われるが，裏を返せば，持続可能性と
は，人間が現在の豊かな生活をめいっぱい続けられるよう，資源が枯渇する
事態をできる限り引き延ばすこととも解釈できてしまう。また私たちが存在
しなくなった後の世界に対して何の責任があるのか，と疑問に思う人もいる
かもしれない。持続可能性とはいかなることなのか，哲学や倫理学の観点か
らも考えてみたい。

2 将来世代への責任——人間はなぜこの先も存在し続けなければな らないのか？

哲学者の**ヨナス**（Hans Jonas）は，1979年の著書『責任という原理——科
学技術文明のための倫理学の試み』の中で，科学技術の発展が，倫理学にお
ける道徳的配慮の対象を拡大したと指摘している。ヨナスは科学技術を「解
放されたプロメテウス[*1]」と呼び，科学技術によって，倫理学が関係する行為
が今では個別的主体の行為ではなく，集団的で，倫理学には前例のない因果
的な射程距離が未来に向かって広がっていることは明らかであると述べて
いる[*2]。従来の倫理学では，個人の行為が，目の前にいる他者（あるいはせい
ぜい同時代の他者）にどのような影響を与えるかを中心に考察してきた。ま
たカントの義務論では，他者が理性ある存在で人権を持つからこそ，それを

---

*1　プロメテウスはギリシャ神話に登場する神で，人間に神の火を盗んで与えたため，
　　ゼウスの怒りを招き，罰せられたとされる。そこから「プロメテウス」の名は，火
　　の使用に始まる人間の文明や技術を象徴する語としても慣例的に用いられている。

*2　H. ヨナス『責任という原理——科学技術文明のための倫理学の試み』加藤尚武
　　監訳，東信堂，2000年，v 頁。

第14章　私たちは将来世代に責任を負うのだろうか？　　169

尊重する義務が生じるとされたように，権利と義務は相互的な関係として考えられてきた。しかしヨナスは，現代の科学技術の発展は，人間の行為した結果が人類全体にも及ぶような空間的広がりと，自然の秩序を永続的に変えうる力によって，まだ生まれていない世代にも影響を与えるような時間的広がりを持つのだから，倫理学も**将来世代に対する責任**を無視するわけにはいかない，と主張する。さらにヨナスは，将来世代に対する倫理は相互的なものではなく，まだ存在していない相手の権利を擁護する一方的な義務が，現在世代である私たちに課されているのだと述べている。

　ヨナスのいう将来世代への責任は，人間がこの先も存在し続けなければならないということが前提となるが，この前提に対しては，次のような反論もあるかもしれない。そもそも人類が地球環境を搾取してきたのだから，人類がいなくなったほうが将来のためではないか？　とペシミスティックに考えるような場合である。ヨナスは，将来世代の人間が存在すべきだということについては，確信を持って肯定する。それは人間が過去に偉業を成し遂げてきたからという理由ではない（それが理由になるのであれば，人間は存在するに値しないほどの悪行も重ねているからだ）。ヨナスは過去の偉業や悪行に関わりなく，人類は存在するべきだという。なぜなら，何かが「無」ではなく存在しているからこそ，その存在は何らかの価値を体現することができるからだ。ここで，存在するものに対して，それが実際にどれほどの価値が体現されているのかを問う必要はない。ヨナスによれば，「無」すなわち何も存在しないということは，価値（無価値すらも）をそこに帰属させる可能性を失ってしまう，つまり価値を体現するものが何もなくなってしまうという事態を意味する。[*3]だからヨナスにとって，価値あるいは善さとは，単なる可能性にとどまらず，おのずからその実現を迫ってやまない唯一のものであり，自らを，存在に託して実現しようとする「価値」こそが，存在への要求すなわち「存在しなければならない」と要求することができるのである。

　人間は（将来にわたっても）存在すべきだ，というヨナスの命題は，何らかの「客観的な価値」があるという信念に基づいており，無欲や無の境地のほうが，苦悩から解放されるよい手段になる，という諦念的な考えには与しない。ヨナスは，人工物のあり方と自然のあり方とを比較して考察を進めて

＊3　H. ヨナス『責任という原理——科学技術文明のための倫理学の試み』加藤尚武
　　監訳，東信堂，2000年，85頁。

いく。まず人工物とは，ある目的のために存在している。例えばハンマーは，ものを打ちつけるという目的で存在する。しかしこの「ものを打ちつける」という目的そのものが「価値」を持つとは限らない。ハンマーの目的は，ハンマーとは何かというハンマーの概念，すなわち「ものを打ちつけるためのもの」と一致している。このような人工物の目的は，人間によって指定されている。しかし生命あるものや自然は，他から与えられた目的ではなく，自らのうちに「生きることを目指す」という目的と価値を内包している。したがって人間も動植物も自然も，意識的に生きようとする以前に，すでに生きることを目指しており，だからこそ目的と価値とを内包した存在なのである。

　このようにヨナスの考えでは，自然には目的と価値が内在する。自然（人間も含め）そのものに価値が内在するという考え方（内在的価値）については，第13章で扱った環境倫理でも学習した。テイラーは，生命の目的論的中心という概念を提唱し，あらゆる生命に内在的な価値を見出そうとしていた。テイラーによれば，自己意識も感覚もない（ように見える）植物であっても，向かうべきテロスを持って，その生命を維持しているということに注目すべきであり，人間はそのような生命に内在する価値を尊重すべきである。ヨナスもまた，「目的と価値が内在する自然」という理解について，次のような論拠を示している。

　　生命とは，生物体の自己目的である。（中略）自然のなかには「働き」がある。「自然」は錯綜したさまざまな道を通して，何かに向けて働いている。自然の中には多様な仕方でこうした働きがある。

　自然の内在的な価値を，自然がおのずから「生きること」を目指しているという点に見出すのは，テイラーとヨナスに共通する姿勢である。

3　10万年後の安全？——核廃棄物の問題

　先述したデイリーは，持続可能な開発の条件として，自然環境の自浄能力を超えた速度で廃棄物を排出してはならないことを指摘していた。人工物を作り出す人間の技術は，同時に廃棄物を大量に排出している。廃棄物の中には，特定有害廃棄物に指定される建築用アスベストやPCB（ポリ塩化ビフェ

ニル）などのように，生体内で容易に代謝されず，体内に蓄積されて有害性を示す物質もある。2001年，経済協力開発機構（OECD）の提唱によって，**拡大生産者責任**（EPR: Extended Producer Responsibility）を含めた環境政策が各国で実施されるようになった。拡大生産者責任とは，製造物の欠陥については，製造者が賠償すべきという**製造物責任**（PL: Product Liability）を拡大し，生産者が，その生産した製品が使用され廃棄された後においても，当該製品の適切なリユース・リサイクルや処分に一定の責任（物理的または財政的責任）を負うという考え方である。日本では2001年より家電リサイクル法が施行され，製造者に対して，不要となった家電機器の引き取りとリサイクルが義務づけられている。

　このように，廃棄物の適切な処理までも製造者の責任とみなされるようになる中，将来世代に対して多大な影響を及ぼす放射性廃棄物の行方が問題となっている。放射性廃棄物は，研究・医療分野で排出される RI 廃棄物と核燃料廃棄物とに分類されるが，特に原子力発電所を稼働し続ける限り増え続ける使用済み核燃料の処理が，各国での課題となっている。原発からの廃棄物は，原子炉から取り出した使用済み核燃料や除染に用いた水など多岐にわたるが，高レベル放射性廃棄物はガラス固化体へと加工された後，地層処分が必要となる。日本の場合，日本原燃株式会社が青森県六ヶ所村に高レベル放射性廃棄物貯蔵管理センターを設置し，貯蔵管理を担っている。[*4]

　放射性廃棄物の一番の問題は，高レベル放射性廃棄物が無害化されるのは，使用した世代が生きている時代のはるか先であるという点だ。使用済み核燃料の放射性レベルは，ガラス固化体にした時点でも，国際放射線防護委員会（ICRP）の勧告によれば，100％の人が死亡するとされている放射線量である約 7 Sv〔シーベルト〕をわずか20秒弱で浴びてしまうレベル〔約1500Sv/h〕と言われる。[*5]使用済み核燃料の放射性レベルがもとのウラン鉱石程度にまで低下するには約10万年を要するが，その期間，放射性廃棄物を安全に保管する必要があり，日本では地下300メートルより深い地層に埋め込む地層処分が計画されている。原子力発電に対しての賛否はどうあれ，廃棄物が生

　＊4　日本原燃によれば，2017年の段階で日本全国における高レベル放射性廃棄物の総量は約 1 万8000トンであり，各原子力発電所あるいは六ヶ所村再処理工場で保管されている。「経済産業省・資源エネルギー庁」HP より。http://www.enecho.meti.go.jp/

じることは不可避であり，その処分について何らかの決定が必要である。

　さて10万年後の将来世代に対して，私たちは責任をまっとうすることができるのだろうか。ICRP の勧告によれば，放射性物質を可能な限り閉じ込めることによって，人，環境および生物圏から廃棄物を隔離し，現在および将来にわたって人間と環境を防護しなければならない。そしてその防護は，「操業期間中の作業者，公衆および環境の防護だけでなく，監視がない可能性をも含む将来の世代の防護も同様に取り扱わなければならない。長期にわたり，特に無監視期間にも，安全は受動的に機能する処分システムの遺産によって確保されなければならない」という。現生人類（ホモ・サピエンス）が登場したのは約20万年前のことに過ぎない。私たちは今後10万年にわたり，たとえ人類がいなくなり，廃棄物を処分した場所を「監視する」ことができなくなったとしても機能しうるシステムを構築して，将来世代に引き渡さなければならないことになる。私たちは今後，そこまでの技術を開発することができるのだろうか。

　映画「100,000年後の安全」は，2023年の稼働を目指す，フィンランドの核廃棄物最終処分場「オンカロ（洞窟）」にカメラを入れ，関係者にインタビューしたドキュメンタリーである。地下450メートルにあるこの施設が「稼働」するとは，核廃棄物を収納して完全に密閉し，人間の立ち入りを禁ずることを意味する。映画の中で，オンカロの関係者たちが苦慮するのは，将来世代がその場に近づくことがないよう，どのように警告を与えたらよいのかという問題である。ある関係者の発言によれば，「最も危険なのは，（人間の）好奇心」である。たとえ人類がいたとしても，現在の言語が通じるとは限らない。映画では，いかにも危険そうな絵やシンボルを用いるのがよい，あるいは誰の興味もひかないように何も標示しないのがよい，などの意見が

＊5　日本アイソトープ協会の HP に，ICRP 勧告の日本語版が掲載されている。https://www.jrias.or.jp/books/cat/sub1-01/101-14.html
　　　その他，「経済産業省・資源エネルギー庁」HP 参照。http://www.enecho.meti.go.jp/category/electricity_and_gas/nuclear/rw/docs/library/pmphlt/hlw.pdf#search=%27ICRP+%E9%AB%98%E3%83%AC%E3%83%99%E3%83%AB%E6%94%BE%E5%B0%84%E6%80%A7%E5%BB%83%E6%A3%84%E7%89%A9%27
＊6　ICRP Publication122「長寿命放射性固体廃棄物の地層処分における放射線防護」日本語版編集 ICRP 勧告翻訳検討委員会，2017年。http://www.icrp.org/docs/P122_Japanese.pdf

交わされる。10万年後とは，人間の技術の継続だけでなく，人間が将来世代とコミュニケーションを取りうるかどうかさえ，予測できない時の長さなのである。

哲学者のシュペーマン（Robert Spaemann）は，将来世代にリスクを押し付けることに対して，次のように批判している。例えば自動車運転については，事故のリスクを引き受ける者は，同時に自動車がもたらす福利の受益者でもある。このような場合，社会は合意に基づいてリスクを引き受けることができるが，特定の人々が，他人の損益をもとにして利益を上げるようなことは，許容されてはならない[*7]。またシュペーマンによれば，ある行為がモラルの上で正当化されるためには，その行為者が関係者であれ，受益者であれ被害者であれ，いかなる立場でも客観的にその行為に同意しうるような内容でなければならない[*8]。このロジックによれば，同意する機会すら与えられない将来世代が，特定の時代の人々のリスクを負わされるということはきわめて不当であるということになる。

また，核廃棄物を長期間安定的に保存できる技術が可能になったとしても，どの場所を選ぶのか，それもまた倫理的・政治的課題となるだろう。「Not in my back yard（うちの裏庭にはお断り）」という言葉があるように，廃棄物処理場のような施設は，必要であることが分かっていても，自分の身近におくことは忌避されるものである。日本の場合，地震や火山活動の影響を受けない土地を見つけることがそもそも困難だが，立地候補としては，人口が少なく広大な土地を使える地方が選択される可能性は高い。政治学者のジョンソン（Genevieve Fuji Johnson）は，カナダにおける核廃棄物処理施設の立地をめぐって，どのような倫理的立場を用いて考察することが適切かについて論じている。彼女によれば，功利主義に基づいて幸福量を算出しようとしても，将来世代の数は決定できないため，合理的な計算が不可能であると考えられる。また義務論に基づいて，現世代と同様に将来世代の権利を要求することも，将来世代がどのような存在者で，どのような文化や思想を持つかも予測し得ない状況では困難だとみなされる。例えば，カナダには先住民（First Nations）がいるが，彼らは土地との結びつきを強く感じるという文

＊7　R. シュペーマン『原子力時代の驕り——「後は野となれ山となれ」でメルトダウン』山脇直司・辻麻衣子訳，知泉書館，2012年，39頁。

＊8　同前，57頁。

化的背景を持っている。ジョンソン自身は，こういった多様なコミュニティや異なる視点を対話に取り込むような，熟議民主主義（deliberative democracy）が政策決定に必要であることを提唱している。[*9]

4 異なる世界の人々に対するグローバルな責任

グローバル化した世界状況の中で，技術が社会に与える影響も，世界規模のものとなっている。今や私たちには，将来世代だけでなく，地球の裏側に住む，会ったこともなければ会う可能性もないかもしれない人々に対する想像力を持つ必要があるのだ。先進国に住む私たちは，自分たちの現在の生活レベルが維持でき，そうではない人々も，可能な限り先進国レベルの生活ができるように願うかもしれない。しかしながら，先進国の生活は，多大なエネルギーを生産消費することで成立している。よって世界中の人々が，先進国（例えば米国）並みのエネルギーを消費するようになったら，地球数個分の土地や資源が必要となるだろう。つまり，皆が経済成長すればするほどよいとはいえない状況にある。生態学者のハーディン（Garrett Hardin）は，**共有地の悲劇**という言葉で，経済成長は有限であることを述べている。全員が共有し，自由に使用することができる牧草地では，人はできる限り多くの家畜を放牧して利益を得ようとする。しかしある時点で，限られた牧草地において，家畜の食料を供給する能力および家畜の排泄物を浄化する能力は飽和状態に陥り，牧草地そのものが荒廃することになる。ハーディンが「共有地の悲劇」を提唱したのは1960年代だが，私たちの世界はいまだこの問題を解決できていない。

現在，工業化が進んだ国々は，開発途上国をも巻き込む形で地球温暖化問題に直面している。工業化の進展に伴う温室効果ガスの排出量の増大が，温

＊9　G. F. ジョンソン『核廃棄物と熟議民主主義——倫理的政策分析の可能性』舩橋晴俊訳，新泉社，2011年，110-183頁。熟議民主主義とは，政策決定に際し，影響を受ける可能性を持つ多様な人々の間で，合意に向けた意見交換を行い，多様性の包摂・平等・相互尊重性などに関する原則を政策決定者に提供することを指す。「包摂・平等」とは，現在世代と将来世代を包含し，どちらの世代に対しても不正義とならないようにする原則である。ジョンソンによれば，熟議民主主義は，核廃棄物管理のように，リスクと不確実性，将来への影響や倫理的対立を伴う問題に関して効果的な決定方法であるとされる。

第14章　私たちは将来世代に責任を負うのだろうか？　175

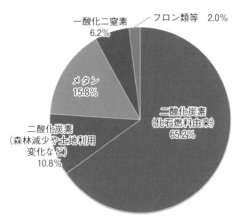

図1 人為起源の温室効果ガスの総排出量に占めるガスの種類別の割合（IPCC第5次評価報告書から計算した二酸化炭素換算量〔2010年〕から作図。出所：気象庁ウェブサイト）

暖化を加速させている。温室効果ガスとは，二酸化炭素やメタンなど，大気圏中で赤外線を吸収し再び地表に向けて放出する働きを持つ気体である。これらの温室効果ガスは，化石燃料の燃焼，森林の減少，家畜のゲップなどによって増加する可能性があるが（図1参照），これらが増えると，地上の気温が上昇すると考えられている。

日本の気象庁の発表によれば，2017年の世界の年平均気温（地表付近の気温と海面水温の平均）は，1891年に統計を取り始めて以降，3番目に高い値を記録した（図2参照）。そして過去100年間の世界の年平均気温は，一貫して上昇し続けている。

また日本の春の風物詩であるサクラは，春先の平均気温の上昇に伴い開花の時期が早まっている。気象庁の調査によれば，4月1日までに開花する場所は，1960年代（1961－1970年）では本州の太平洋沿岸と四国，九州であったが，2000年代（2001－2010年）では関東，東海，近畿，中国地方まで北上している（図3参照）。

地球温暖化については，1992年の「国連気候変動枠組条約」採択に基づき，1995年から毎年「国連気候変動枠組条約締約国会議（COP）」が開催され，温室効果ガスの排出量削減に向けた取り組みが世界規模でなされている。1997年に京都で開催されたCOP3で採択された**京都議定書**（Kyoto Protocol）は，2012年までに達成すべき温室効果ガス排出量の削減目標を定めた枠組みである。しかし京都議定書では，日本を含む先進国のみに削減目標が課せられ，開発途上国は削減目標を課されなかった。最大の排出国であるアメリカはそれを不満とし，2001年のブッシュ政権への交代とともに議定書から離脱して，国際的にも批判を受けた。また日本が京都議定書を批准したのは2002年であり，続いて2004年にロシアが批准したことで，ようやく発効要件が満

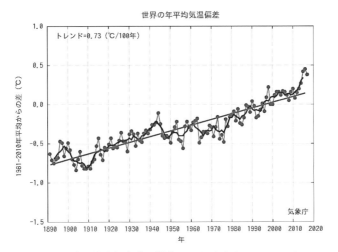

図2　世界の年平均気温偏差の推移（出所：気象庁ウェブサイト）

図3　ソメイヨシノの開花ラインの変化（出所：気象庁ウェブサイト）

たされ，京都議定書が発効したのは2005年になってからであった。

　このような経緯を踏まえ，2015年のCOP21で採択された**パリ協定**（Paris

　＊10　京都議定書の発効要件は，一，55か国以上の国が締結すること，二，締結した附属書１国（先進国）の1990年における二酸化炭素排出量の合計が，全ての附属書１国の合計の排出量の55％以上であることである（京都議定書第25条）。

Agreement）では，歴史上初めて，先進国と開発途上国の区別なく気候変動対策をとることが義務づけられた。2015年時点の温室効果ガス排出量は，多い順に，中国，アメリカ，インド，ロシア，日本であり，温室効果ガス対策の枠組みに開発途上国や新興国を加えないことには，対策自体の実効性が薄れてしまうという背景もあった。パリ協定では，到達すべき目標が明確に「世界の平均気温の上昇を産業革命以前に比べて2℃より十分低く保ち，1.5℃に抑える努力をすること」と定められた。「1.5℃」の文言が付け加えられたのは，COP21の会議場で，ツバルなど海抜の低い国々の代表が，自国の存亡の危機を切実に訴えたことがきっかけだった。単に「平均気温の上昇を2℃以下」とすると，彼らの国の多くは水没してしまうことが予測されているからである。[*11]

◉まとめ

　このような状況下，世界の国々が，リバタリアニズムで支持されるような市場経済を，各国の自由のもとに追求していくことは難しくなっている。また従来のリベラリズムは，一国において自由な選択肢と平等な機会を実現することが目標であったが，いまや私たちは，グローバル規模での正義を実現しなければならないだろう。さて私たちは，人類の一員として，また地球に住む一人として，どのような選択をしたらよいだろうか。将来世代が生きる世界の状況もまた，現在の世界の状況と同様，私たちの技術開発に大きく影響されることは間違いない。私たちは技術の恩恵を享受しているのだから，その負の部分をも引き受け，何とか私たちの世代で解決していく努力をする必要があるだろう。技術のベネフィットを得るものは，リスクを将来世代へと先延ばしにするのではなく，自ら負うのでなければ，正義にかなったあり方とは言い難いからである。

◉それでも残る問い〜発展学習〜

　パリ協定は，開発途上国もこの協定に拘束される点において，京都議定書

---

*11　ツバル水没の要因は，気候変動と海面上昇といったグローバルな理由と，近代化と開発，観光客増加に伴い，ツバル島の基盤を支えているサンゴ礁の荒廃という地域的な理由の両方があるといわれている。

と異なる展開をみせている。しかし温室効果ガスの発生抑制のためには，技術開発が不可欠であり，各国にさらなるコスト負担が必要となることは容易に想像できる。ではなぜ開発途上国は，自分たちの経済成長を抑制するかもしれないようなパリ協定に，サインをしたのだろうか？　理由の一つとしては，各国の排出削減目標が達成できなくても，罰則などは設けられていないことが挙げられる。条約上は，温室効果ガスの排出抑制は「それぞれの国が，国情と能力にあわせて」行う努力義務だからである。この規定により，開発途上国が参加するハードルは下がったが，このような努力義務に実効性はあるのか，という批判の声もある（各国が国連に対し進捗状況を定期的に報告し，それを専門家がレビューするガイドラインは存在する）。二つ目の理由は，パリ協定では，先進国から開発途上国に対して「気候変動対策のための資金」が供与される点である（ここではどの国が「先進国」で，どの国が「開発途上国」なのか，という定義も問題になってくる）。この資金は，2025年までにわたり，無償および有償の資金協力，政府資金や民間資金を含め，合計で年間1000億ドルの拠出が計画されている。

　それでは，この「気候変動対策のための資金」は，はたしてどの国がどのくらいの割合を拠出するのだろうか。実は資金拠出の具体的な計画は，パリ協定締結以降の議論に任されている。条約には，「先進国は，（中略）開発途上締約国が必要とする新規のかつ追加的な資金（中略）を供与する」（第4条3項），「先進国は（中略）気候変動の悪影響を特に受けやすい開発途上国が（中略）適応するための費用を負担することについて，当該開発途上国を支援する」（第4条4項）と定められているのみだからである。

　皆さんが資金の分配に関わる立場であれば，どのような配分をするだろうか。功利主義的な配分も一案だ。この協定の目的である，温室効果ガスの排出量を最大限抑制することを目標に資金を配分すれば，最大多数の最大幸福を実現できるようにも思われる。しかしこの課題に関して，功利主義に基づ

＊12　パリ協定が想定する先進国は，1992年のリオサミットにおける条約採択時にOECDに加盟していた25か国を指す。しかし，1992年以降にOECDに加盟した国（韓国など）や，OECDに加盟していないがすでに開発援助において実績を重ねている国（中国など）については，パリ協定上の「先進国」に含まれない。cf. 清水規子「パリ協定における気候資金に関する決定とその意味」アジ研ワールド・トレンド（日本貿易振興機構アジア経済研究所），246号，20-23頁，2016年3月。

いて合意を得るのは困難かもしれない。ジョンソンが指摘するように，各国の経済状況が刻々と変化する中で，功利主義的な最適解を見つけるにあたっては，不確実要素が伴うためである。もう一つの問題は，この制度自体が，先進国にとって利益を見出しにくいという点にある。例えばアメリカは，その経済規模からいえば，最大の資金拠出を求められるが，一方で世界第2位の温室効果ガス排出国であり，パリ協定に定められた温室効果ガス削減を厳しく問われる立場にある。先進国こそが，温室効果ガスの排出量削減のためにコストをかけなければならない一方，資金を提供する側にも回らなければならない。[*13]

　この資金提供の目的は，気候変動によってもたらされる悪影響の緩和と，温室効果ガスの排出量を抑制するための，実効性の高い技術の導入である。しかし有償資金の導入は，場合によっては将来世代に対し借金を背負わせることにもなりかねない。また技術を導入した国々が，それを自国の産業発展につなげることができなければ，リベラリズムが目指すような，グローバルな正義と平等は実現できない。

　開発途上国への資金援助については COP22以降も引き続き議論されているが，様々な国の思惑もあり，現在でも決着を見ていない。しかし，国という単位を離れた新しい動きも見られる。2018年に開始された，通称「タラノア対話」[*14]（正式名称「2018促進的対話」）は，パリ協定の目標達成のために設けられ，政府だけでなく，企業や自治体，研究機関，NGOなど，あらゆる主体が参加できる対話の場である。これは ICT という技術がある現代だからこそ可能になった，透明性の高い討議の空間である。このような，国家間の「条約」を超える新たな試みも取り入れつつ，あるべき支援の姿を考え続けることは，先進国に住む私たちの責務であり，将来世代への責任であろう。

---

*13　2017年6月，アメリカのトランプ大統領はパリ協定からの離脱を表明した。このアメリカの協定からの離脱は，功利主義的な政策というより，単に保護主義的な経済政策や，大統領の選挙対策と考えられる。実際の離脱手続きには年単位の時間を要するため，アメリカが離脱するとしても，2020年以降とみられている。

*14　タラノアとは，COP23の議長国であるフィジーの言葉で，「包摂的，参加型，透明な対話プロセス」を意味する。タラノア対話のCOPにおける位置づけと，日本におけるタラノア対話の試みについては，以下の厚労省のウェブサイトに詳しい。
http://www.env.go.jp/earth/ondanka/talanoa_japan/index.html

■より学びを深めたい人への参考文献

H. ヨナス『責任という原理　科学技術文明のための倫理学の試み』加藤尚武監訳，東信堂，2000年

H. デイリー『持続可能な発展の経済学』新田功・大森正之・蔵本忍訳，みすず書房，2005年

C. E. グドーフ／J. E. ハッチンソン『自然への介入はどこまで許されるか──事例で学ぶ環境倫理（いのちと環境ライブラリー）』千代美樹訳，日本教文社，2008年

G. F. ジョンソン『核廃棄物と熟議民主主義──倫理的政策分析の可能性（サス研ブックス）』舩橋晴俊訳，新泉社，2011年

R. シュペーマン『原子力時代の驕り──「後は野となれ山となれ」でメルトダウン』山脇直司・辻麻衣子訳，知泉書館，2012年

加藤尚武編『新版　環境と倫理──自然と人間の共生を求めて』有斐閣アルマ，2005年

【映画】

M. マドセン監督『100,000年後の安全』デンマーク，フィンランド，スウェーデン，イタリア制作，発売：販売元アップリンク，2009年

第 **15** 章

生命の始まりと
終わりを技術が決める？

医療と技術

【学習目標】
☞医療技術の高度化が社会に与える影響について理解する。
☞生死の問題に対し，技術がどこまで関わることができるのかを考える。

【キーワード】
☞医療技術　医療の高度化　延命治療　新型出生前診断

🐶 今日，獣医さんに行ってきたんだ。

🐱 大変だったな，ヴェリタス君。

🐶 そうでもなかったよ。注射だって痛くないし。注射針が改良されたらしいよ。薬もおいしいおやつの味がするんだよ！

🐱 ……犬は単純だから困る。俺たち猫はぜったいだまされないね。薬なんて毒を飲まされているのと同じじゃないか！

🐶 おいしければいいじゃないか！　最近僕もシニアの仲間入りをして，メニューが変わったんだけど，これもまたおいしくって。

🐱 …………。

🐶 医療技術の進歩のおかげで僕らが長生きになったのはいいけど，中には高齢でごはんも食べられなくなった犬に胃ろうを設置してほしいっていう飼い主もいるんだって。

🐱 それは驚いた。俺はちょっと嫌だな。

🐶 僕らがどうしたいか，ヒトが聞いてくれるといいんだけどね。

183

😺 俺は，自分のことは自分で決めたいね。生きられる時間は決まって
いるからね。

1 医療と技術

　冒頭のヴェリタス君とルクス君の会話にもあるように，獣医学においても
医療技術の進化はめざましい。その分，動物たちを代弁する飼い主がどのよ
うな治療法を選択するかが悩ましい問題となっている。実はヒトの医療にお
いても，医療技術の進化をめぐって同様の問題が起こっているのだ。

　技術と医療が密接に結びつく領域として，医用生体工学という分野がある。
医療行為を行うのは医師や看護師，放射線技師や臨床検査技師といった有資
格者だが，彼らが用いる医療用具や医療システムを開発するのは，技術者で
ある。例えば，食事や薬を経口摂取することができない状態の人に，人工的
な水分・栄養補給を施すことによって，延命や救命が可能になるが，この方
法は，輸液や医療用カテーテル等の人工物の開発に依拠している。他にも，
呼吸・循環・代謝を人工的に行うことができる生命維持装置の製作を手がけ
ているのは，医療機器メーカーの技術者である。[1]

　医療機器とは，「あらゆる計器・機械類，体外診断薬，物質，ソフトウェ
ア，材料やそれに類するもので，人体への使用を意図し，その使用目的が，
疾病や負傷の診断，予防，監視，治療，緩和等，解剖学または生物学的な検
査等，生命の維持や支援，医療機器の殺菌，受胎の調整等に用いられるも
の」と定義される。[2]身近なところでは，コンタクトレンズや眼鏡，補聴器な
ども，管理基準が異なるものの医療機器の一種である。[3]医療における技術は，
これらの医療機器をはじめ，他にも製薬技術，診断技術，電子カルテなど，
多岐にわたって開発が進められている。

＊1　身近な医療機器メーカーとしては，人工透析分野を得意とするニプロ（株）や，
　　AED（自動体外式除細動器）の製造販売を行い，日本全国でのトップシェアを持
　　つフクダ電子（株）などがある。
＊2　日・米・EU・カナダ・オーストラリアで構成する「医療機器規制国際整合化会議
　　（Global Harmonization Task Force, GHTF）」による定義。
＊3　視力補正を目的としないカラーコンタクトレンズも，視力補正用コンタクトレン
　　ズ同様，高度管理医療機器である。

新たな技術開発によって，患者のQOL（Quality of Life: 生活の質）が向上
したり，診断が迅速でなおかつ簡易になったりする可能性が見込まれる。ま
た技術開発によって，従来の方法では治療できなかった人を回復させたり，
延命させたりすることも可能になっている。そのため私たちは，自分や身近
な人が病気になった時，最新で最善の医療を施してほしいと考えがちだ。し
かし医療技術や診断技術が進歩すればするほど，私たちの社会は幸福になる
と言えるだろうか。また最新の技術を最大限に使えば使うほど，私たちの社
会における幸福度は増えていくのだろうか。

　さらに，医療の高度化における技術者の責任や，技術の倫理的課題はどこ
にあるのだろうか。かつて米国で，生命維持装置の普及と安易な使用が問題
になった際，技術者には，自分たちが設計・開発した装置によってもたらさ
れたすべての結果，すなわち患者の生死に対する責任も生じる，と考える論
者もいたようだ。しかしウィットベックはそれに反対し，医療技術について
は，人工物の製造責任と同じ仕方で，技術者の責任を問うことはできないと
論じている。ウィットベックによれば，乾燥機のような人工物の場合は，幼
児の事故防止のため，扉に安全装置を設置するなどの技術的解決が可能だし，
技術者は責任をもってそれに取り組まなければならない。しかし生命維持装
置や胃ろうなど，医療技術の適切な使用や誤用は医療者の判断に基づいてい
るため，それを技術者が促進したり，防いだりすることはできない。とはい
え，技術者は，自分が作製したものについて予見される事柄を明らかにする
ことや，市民として適切な医療技術の使用を考える責任から逃れられるわけ
ではない。

2　生命の終わりに関する医療技術

　人間の生と死に際する医療は，安易に技術を利用した場合に，様々な問題
を私たちに突きつける。まずは終末期医療に関する事例を取り上げよう。胃
ろうは，病気や怪我などで口から食事を採ることができなくなった人に対し
て，胃へ直接，食物や水分，医薬品などを流入させ投与するための処置であ
る。日本では，高齢者に適用される延命治療と捉えられがちだが，欧米圏で

＊4　C.ウィットベック『技術倫理I』札野順・飯野弘之訳，みすず書房，2000年，
　　154頁。

第15章　生命の始まりと終わりを技術が決める？　　185

はもともと，脳や食道に疾患がある小児に対する医療技術であり，認知症の高齢者や老衰した人への胃ろうは推奨されていない。胃ろうは，1979年に米国で乳児に対して実施され，技術として確立した。日本では1990年代以降に実施が始まり，自発的に食事を摂ることができない認知症や脳血管障害の患者や，外傷や筋疾患のために摂食困難な患者，食事を摂ることができても，誤嚥を繰り返してしまうような状態の人などに適用された。その後2000年代に入って急速に普及し，全日本病院協会の調査（2010年度）では，全国で胃ろうの設置者は26万人と推計されている。もちろん，胃ろうを設置した後の回復やリハビリによって，胃ろうを外すことができるようになる人もいる。しかし認知機能の衰えた人のように，本人の希望が確認できない場合や，終末期に胃ろうを用いる場合，家族の介護負担や医療費などの社会的コストの問題だけでなく，患者本人にとって，それが望ましい医療のあり方なのかどうかが問われることになる。

　また近年，日本でも尊厳死を望む人々が増えている。尊厳死とは「延命のためだけの治療を行わず，自然に近い死を選択すること」や，「自らの尊厳を守れなくなった場合，無意味な延命治療を拒否すること」を意味する。しかし尊厳死の要件としては，①死期が迫っていると確実に判断される患者の自発的意思があること，②家族が本人の意思を推定して判断できること，③患者本人により，リビング・ウィルなど事前の決定があること，の三つのうちいずれかが必要となる。中でも家族が本人の意思を推定して延命治療を行わないという決定を下すことは，実際にはなかなか困難である場合が多い。

3　生命の始まりに関する医療技術

　次に出生に関する技術では，近年日本でも新型出生前診断（NIPT）が普及している。日本では2013年から，医療現場で実際に患者に使用し治療法の適切性を評価する「臨床研究」として開始された。さらに2018年からは，一般診療として実施されるようになっている。従来の子どもが生まれる前に行う（「新型」ではない）出生前診断としては，エコー検査や羊水検査などが代表的だ。羊水検査は，妊婦のお腹に針を刺して羊水を採取するため，妊婦の身体的な負担と，0.2－0.3％の流産の可能性がある検査である。一方，新型出生前診断は，確定診断である羊水検査を行う前に，妊婦の血液を採取し

て分析するだけで，母体血中に浮遊する胎児由来のDNA断片を解析し，ダウン症など3種類の染色体異常の確率が判明する遺伝学的検査である。2013年から一年間，臨床研究として実施した結果，新型出生前診断で「陽性」と診断され，羊水検査によって胎児の染色体異常が確定した患者のうち，97%が人工妊娠中絶を選択している。[*5]

　近年は，初産が35歳以上である高齢出産のケースが増えているが，統計的には妊婦の高齢化とともに染色体異常の確率も増加するため，新型出生前診断を受けたいと望む人も増えている。しかしダウン症の子どもは，心疾患などの手術が必要な場合もあるが，適切な治療によって70年以上の平均余命が期待されるため，新型出生前診断は彼らの生の可能性を奪い，生命の選別につながるという批判もなされている。染色体異常のように，それを知らされても治療することができないような疾患や障がいについて，あなたならばその情報をあらかじめ知りたいと考えるだろうか。新型出生前診断を受けるならば，子どもが生まれる前から，その遺伝的な情報の一部を知ることになる。[*6]このように技術の進展によって，生命の始まりにあたっても，私たちが何らかの決断をしなければならない場面が増えているともいえるだろう。新型出生前診断を受けるのか受けないのか，また受けたとしたらその結果をどう捉えるのか，これから子どもを持とうとする人にとっては，避けては通れない決断である。

4　医療技術の高度化がもたらす問題

　さらに現在の日本における医療技術の進歩と医療費の問題について考えてみたい。近年，医療費の高騰が社会問題となっている。国民皆保険制度をとっている日本では，医療費の高騰は個人の負担だけでなく，社会保障費を税金で負担する社会全体の問題となる。それでは医療費高騰の原因は何だろ

---

* 5　日本経済新聞電子版（2014年6月27日）「新出生前診断　染色体異常，確定者の97%が中絶　開始後1年間，病院グループ集計」（https://www.nikkei.com/article/DGXNASDG2703S_X20C14A6CC1000/）

* 6　2018年現在，日本の新型出生前診断によって診断可能な染色体異常は，21トリソミー（ダウン症），18トリソミー，13トリソミーの3種類に限られている。当然，新型出生前診断でこれらの染色体異常が確認できなかったとしても，生まれてくる子どもに，その他何らかの染色体異常がある可能性はある。

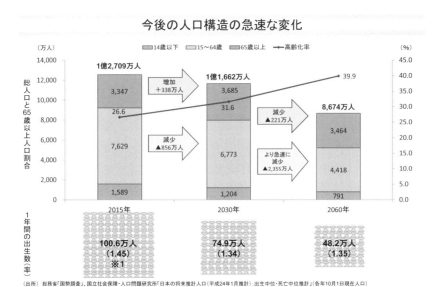

図1 総人口と65歳以上人口割合（厚生労働省「医療と介護を取り巻く現状と課題等（参考資料）」）

うか。一つには，高齢者人口の増加である。近く「2025年問題」といわれる，約800万人の人口ボリュームゾーンである団塊世代（1947-1949年生まれ）が75歳以上を迎える**超高齢化社会**の到来が予測される（図1参照）。しかし高齢者人口の増加に伴う医療費の問題は，単なる人口数の問題ではなく，日本社会における「**疾病構造**」の変化にも大きく影響されている。疾病構造とは，人々がどのような病気が原因で亡くなっているのかを調査したものである。昔は結核などの感染症によって死亡する人が多く，結核は不治の病といわれていた。しかし近年では，感染症による死亡者は減少し，日本人の死亡原因として，ガン，心疾患，脳血管疾患の三つが増加している。結核などの感染症の予防や治療と比べて，ガンや循環器疾患の治療は，手術や投薬など，高額な場合が多い。ガンや循環器疾患の病因は一概にはいえないが，細胞老化あるいは血管老化に関連していることは間違いない。そのため疾病構造の変化は，日本では感染症で若くして亡くなる人が減って，多くの人が高齢に至るまで長生きし，老化に関連する疾病で亡くなっていることを示している。

　さらに医療費高騰の原因は，高齢者人口の増加よりも医療の高度化の影響が大きいことを示すデータがある。厚生労働大臣の諮問機関である中央社会

保険医療協議会（中医協）の調査によれば，2015年度の医療費の前年度に対する伸び率3.8％のうち，高齢化の影響による伸び率が1.2％であるのに対し，医療の高度化による伸び率は2.7％と計算されている。[7]高額療養費制度があるため，患者の自己負担は一定の枠内に抑えられるが，社会全体の税負担は増えていく。

　中でも近年，遺伝子組換えやクローニング，細胞融合や細胞培養などバイオテクノロジーによって開発製造されるバイオ医薬品（生物学的製剤）は，画期的な治療効果を上げる反面，研究開発費や製造コストが高く，医療費の高騰を招くことが指摘されている。例えば，2014年9月に発売された抗がん剤「オプジーボ」は，ガン細胞が免疫細胞に対してかけているブレーキを解除する新たな作用機序を持った薬である。[8]画期的な治療法であると同時に，発売当初，標準的な投与方法での一人あたりの薬代が，薬価ベースにして年間3500万円に及ぶことが注目された。また経口投与によってC型肝炎を治療できる「ハーボニー」は，2015年9月の発売時，服用終了までの3か月分で670万円の薬価がついた。[9]厚労省は，2016年4月に「特例拡大再算定」と呼ぶ制度を導入し，年間の売上高が1000億円以上1500億円以下で，予想販売額の1.5倍以上となった品目の薬価を最大25％引き下げ，年間売上高が1500億円以上で，予想販売額の1.3倍以上となった品目の薬価を最大50％引き下げるルールを導入し，医療費に占める薬剤コストを抑えようとしている。[10]しかしいたずらに薬価を引き下げることは，製薬メーカーが開発に必要としたコストを回収できなくなり，企業における新薬開発のモチベーションを低下させ，場合によっては海外とのドラッグ・ラグ（主に欧米で承認されている医薬品が，日本では承認されていない状況）を拡大してしまう懸念もある。

＊7　中医協「医療と介護を取り巻く現状と課題等」（平成28年12月14日）（http://www.mhlw.go.jp/file/05-Shingikai-12404000-Hokenkyoku-Iryouka/0000167844.pdf）
＊8　小野薬品工業株式会社ウェブサイト（http://www.ono.co.jp）
＊9　『日本経済新聞』（朝刊）2016年6月26日付。
＊10　薬事日報ウェブサイト（https://www.yakuji.co.jp/entry62873.html）。オプジーボの薬価は，上市後，大幅に切り下げられ，2018年の段階では，発売当初の薬価と比べ6割超の下げ幅となっている。

5 医療技術と倫理学

さて生命の始まりと終わりに関する技術，また技術の高度化に伴う問題について，私たちはどのように考えたらよいだろうか。皆さんは，新たな技術開発を志す者として，また今後の社会を担う市民として，単に企業の負担を増やしたり，技術抑制をしたりするだけでなく，新たな医療と技術開発の関係性を作り出していかなければならない立場にある。また，生命の始まりと終わりや，病気への取り組み方において，単に「技術が利用できるなら利用すればよい」という考え方は，社会の負担を増やし，最悪の場合，国の医療財政に破綻をきたすこともあるだろう。またデザイナーベビーのように，際限ない生命の選択を容認することにつながるかもしれない。そして医療技術を最大限に活用することが，必ずしも患者本人の幸福につながらない場合もある。私たちは，自らの生命に関して，技術に支配されたり，技術によって始まりと終わりを決定されたりするのではなく，自らがどのようなあり方をしたいのかを決める自由と責任を付与されている。

これまでに学んできた倫理学の考え方は，医療と技術に関する問題を考える上でのよいツールとなるだろう[*11]。功利主義の応用については，すでに述べたように，医療技術の費用対効果を指標化する QALY という考え方を導入する事例がある（第5章参照）。

リベラリズムに基づけば，個人の自由な選択肢を増やす，資源の配分方法を変える，医療資源への平等なアクセスを確保するなどの方向性から考えることができる。避けられない超高齢化社会と医療費の高騰（一治療あたりの単価および総額の高騰）が予想される中，社会保障費不足はますます深刻と

---

*11　医療に関わる問題を考える倫理学としては，医療者のプロフェッショナルとしてのあり方を問う「医療倫理」や，iPS 細胞，脳死に伴う臓器移植の問題，安楽死や尊厳死などを倫理学的・哲学的に考える「生命倫理」などの分野がある。倫理学の王道はこれらであるが，本書の趣旨である，技術者あるいは市民として，社会における身近な問題を考えるという目標に照らし，あえて扱わないこととした。というのも，脳死や臓器移植といった問題は，もちろん十分に考察すべき対象だが，私たちが身近に出会う医療問題という点では，そういった状況に遭遇せずに済む人も多い。そこで本書では，誰にでも関係し，身近で喫緊の課題を扱うという観点から，医療費高騰の問題を優先的に取り上げた（尊厳死については簡単に触れた）。

なるだろう。これに加えて，日本全体の労働人口減少と連動する形で，医療従事者の不足も深刻化するかもしれない。このような状況にあっても，リベラリズム的な社会を構想するならば，どの地域に住んでいても，またどのような社会階層の人も平等に医療を受ける機会が得られるような制度設計が重要となる。そのためには，遠隔診断の導入や，最新の医療エビデンスや診療データを集め，AIを利用したビッグデータ解析により，検査や診断を効率化するICTの活用などを提案することもできるだろう。

　他方で，リバタリアニズムに基づくならば，国民皆保険制度の廃止や，公費負担と自費診療を組み合わせた混合診療の導入，公費負担部分の圧縮，民間医療保険制度の充実を促すような政策を提唱することも考えられる。他には，できるだけ医療を利用しなくて済むよう，地域の特性に合わせた予防医療に力を入れるという考え方もあるだろう。これはいわばコミュニタリアニズム的発想だ。ある病気に対するかかりやすさは，実は地域の食文化や経済状況に大きく影響されていることが知られている。地域コミュニティを基盤に，地域の文化特性や経済状況を踏まえた予防医療活動を展開することも考えられる。

　そして，そもそも医療とは何か，医療に何を期待するのかということも考慮しなければならない。元来医療には，疾病を治す「治療（キュア；cure）」という側面と，治療だけでなく患者への人格的な関わりや支援を含めた「配慮・世話（ケア；care）」という二つの側面がある。これまでの日本の医療は，ケアよりもキュアを重視する方向にあったといえる。しかし医療において患者のQOLを高めるためには，ケアを手厚くすることが有効な場合がある。例えば精神疾患に関わる医療は，症状をなくすということだけでなく，当事者が病気や自らの課題といかに折り合いをつけ，社会の中で生きていくかを支援することが重要になってくる。高齢者に発症が多い認知症も精神疾患の一つであるが，認知症を「治療」することはほぼ不可能である。2018年，フランスでは，ある認知症の治療薬の費用対効果が少ないという判断から，この治療薬を公的保険の対象から外し，地域におけるケアを推進するほうがむしろ有効だとの決定がなされている。日本でも，以前から精神疾患に対する地域でのケアを充実させる方向性は示されている。厚労省は2004年9月に「精神保健医療福祉の改革ビジョン」をまとめ，精神障がい者に対して，入院医療というキュアから，地域生活を基盤としたケアへと移行していく目標[*12]

第15章　生命の始まりと終わりを技術が決める？　　191

を明らかにしている。[*13] このような精神障がい者の地域移行の試みは，世界的なトレンドでもある。現実には，いまだ日本は精神障がい者の入院病床大国に変わりはなく，地域移行は容易に進まないが，医療を地域の力によって支える動きは，今後推進されていくだろう。

　また終末期にある患者に対しても，在宅医療や地域による包括的ケアは，医療費削減と患者のQOL向上に資するとして推奨されている。しかし，従来のようにケアを家族に丸投げしてしまうことは，むしろ国民の負担を増やしてしまいかねない。特に，家事や家族の世話の大半を，家庭内の女性が無償で担ってきたという社会的経緯に鑑みれば，従来のコミュニティのあり方をそのまま引き継ぐことはできない。

　そして，どのような方策を取るにせよ，私たちは医療に何を求めるか，自らの姿勢を明確にする必要がある。これまで日本では，質の高い医療を国民全員が安価な値段で享受できるというコンセプトの医療制度をとってきた。今後，超高齢化社会にあっても，国民全員がアクセスできる「質の高い医療」のうちに，高度な医療技術や高額な治療薬も含めていくのか，あるいは「医療の質」にキュアよりもケアの要素を期待していくのか，私たち自身が十分に考え，選択していかなければならない。たしかに私たちは，自分や身近な人が病気になった時，あらゆる手を尽くしたいという思いにかられる。しかし中には，次世代に負担をかけてまで高額な治療を望まない人もいるかもしれない。また安心して最期を迎えられるようなケアが充実していれば，私たちの病気や死に対する意識（死生観）は変わるかもしれない。さらにダウン症や障がいのある子どもを安心して育てられる社会的支援があれば，「健康な子どもを産まなければならない」というプレッシャーも減るかもしれない。

　医療技術の高度化と医療費高騰がもたらした状況は，私たちに医療とはどうあるべきかを問い，また私たちが生老病死をどのように考えるかを問いな

＊12　精神障がい者の長期入院は「社会的入院」ともいわれる。つまり入院した病院で行われてきたことの多くがキュア（治療）ではなく，不必要な措置だったということだ。だからこそ，ケアによって支えられた地域移行が有効であるとも考えられる。また「キュアからケア」というだけでなく，精神障がい者本人が「本来あるべき場に戻る」ことにもつながる。

＊13　厚労省ウェブサイト http://www.mhlw.go.jp/bunya/shougaihoken/service/chiiki.html

おす契機なのである。

◉まとめ

　医療技術は，人間の生老病死について，意のままに操作し支配しうるような感覚を与える。それは技術が，私たちの病気を治療し死を遠ざける可能性を持っているからだろう。一方で技術は，死や病気をどのように捉え，社会でそれをどう受け止めるべきかという問題から，私たちの目をそらさせてしまうこともある。しかし，本書前半（第2章から第7章）で学んだように，どう生きるか（そして生の終わりとしてどう死ぬか）ということを考え，どのような社会を構築するかは，人間が本質的に持つ自由であり責任である。だからこそ主体的な決断をせず，流されるままに技術を作ったり使ったりすることは，むしろ人間としての特質を放棄してしまうことになる。

　私たちは，医療技術の高度化が社会にもたらす影響やコストについて，先人の知恵や思想に学びつつ十分に考え，社会的コンセンサスを形成していく必要がある。

◉それでも残る問い〜発展学習〜

　技術によって，私たちは健康，福利，快適さ，利便性，清潔さなどを手に入れることができる。しかし私たち人間は，そもそも何を目指しているのだろうか。技術は「どのような世界をつくっていったらよいか」，あるいは「私はどのような生き方をしたいか」といった問いに，新たな可能性を示唆してくれるかもしれないが，私たち自身が主体的に，あらかじめこのような問いに対して答えを想定し，望ましい生き方をかなえるという目的をもって，技術を開発したり使用したりしていかなければならない。究極的にはあなたの生き方は，自分で決めなければならないし，どのような技術が望ましいかも，あなたが決めていかなければならない。特に医療技術のような，人間の生命に関する技術であればなおさらである。あなたは自分で決める自由を持っているし，またその責任も持っている「人間」なのだから。そして生命のあり方についての問いは，「正しさ」よりも，価値や望ましさといった，その人にとっての「善さ」を問うことになるだろう。

　しかし，人間の生の善さについての問いには，簡単に答えは見つからない。

第15章　生命の始まりと終わりを技術が決める？　　　193

ただ答えの探し方については，いろいろな方法がある。人間の生の善さについては，倫理学や哲学，社会学の知見，宗教や宗教哲学の知見，生物学や医学，工学など科学の知見といった，多様な知の領域から考えることができる。なぜなら人間は，理性的存在であり，スピリチュアルな存在であり，生物学的存在でもあるといった，多層的なあり方をする存在だからである。そこから考えられる生の善さについての答えは，皆が納得できる完璧な答えではないだろう。工学技術と同じく，倫理学もそれぞれが入手可能な資材を用いて，暫定的な答えを作り上げるしかないからだ。しかしあなたがどのような生を善いと考えるかについては，誰からも否定されるものではなく，皆で共有し議論することができるだろう。工学技術も倫理学も，社会の中に位置づけられ，実用化され，皆に共有されてこそ，その真価を発揮するのだ。

■より学びを深めたい人への読書案内

M. サンデル『完全な人間を目指さなくてもよい理由——遺伝子操作とエンハンスメントの倫理』林芳紀・伊吹友秀訳，ナカニシヤ出版，2010年

H. T. エンゲルハート／H. ヨナス他編『バイオエシックスの基礎——欧米の「生命倫理」論』加藤尚武・飯田亘之訳，東海大学出版会，1998年

黒崎剛・野村俊明『生命倫理の教科書——何が問題なのか』ミネルヴァ書房，2014年

島崎謙治『医療政策を問いなおす——国民皆保険の将来』ちくま新書，2015年

武内和久・山本雄士『投資型医療——医療費で国が潰れる前に』ディスカヴァー携書，2017年

あ と が き

　本書は，筆者が技術者倫理という科目を担当する中で，何を語るべきか，またどのようにしたら学生諸君に関心を持ってもらえるのか，試行錯誤する日々から生まれたものである。筆者は，倫理学や哲学の授業を中心に教育活動を実践してきたが，技術者倫理を担当することになったのは，2015年に長野工業高等専門学校に赴任して以来である。技術者倫理とは何か，様々な書籍や諸研究から学ぶうち，基本的な概要を把握しつつも，教育現場に立つ者として，従来の書籍に付加したいポイントも見えてきた。それは技術者倫理の授業に出席する学生諸君の大変正直な（身もふたもない）リアクションによって気づかされたことである。

　本書の第2章で言及した，「ギュゲスの指輪」という思考実験を授業でも取り上げたことがある。プラトンの『国家』に登場する，身に着けると自分の姿は誰にも見えなくなり，何をしても誰にも見つからないという指輪の話である。筆者はソクラテス，プラトンに倣い，誰も見ていなくとも「不正な人は幸福ではない」というオチでまとめ，教訓らしきものを示してみようと考えた。しかし，「誰も見ていない，絶対にばれないのなら，悪いことをして自分がいい思いをしたほうが幸せじゃないですか」という若きグラウコンたちの反論にあい，授業はうまくオチなかったのである。

　技術者のプロフェッショナルとしての倫理を教える場合でも，人間の悪徳への願望や，ルールを逸脱したくなる心情を無視した倫理学は，上から目線のお説教に終わってしまうだろう。また教員が自らを棚に上げ，技術者の卵たちに対し，過剰に倫理的な振る舞いを要求しても何の実も結ばないだろう。筆者は，自らの教育経験を通じて，従来の技術者倫理において，このような観点が十分論じられてこなかったと考えている。

　筆者は，自らの専門として，哲学や宗教哲学の領域を渉猟・探求し続けており，技術者倫理に携わるようになったのは近年のことである。しかし筆者が学んできた哲学や宗教哲学では，根源的な問題として，人間とはいかなる存在であるかを問うてきた。倫理学もまた根源的には，人間がどのように行

為するべきか，どう生きるべきかを問うてきた。応用倫理の一つである技術者倫理においても，実践的に個別の事象を取り上げるだけではなく，技術を用いる人間とは，いったいどのような存在であるかが問われなければ，倫理学としての深みが失われてしまうだろう。

　人間は，理性的であることによって自由に考えをめぐらし，技術を用いることによって世界を変えることができる。しかし理性も技術も万能ではない。人間は弱く，誤りやすい存在でもあり，すべてを予測し制御することはできない。また人間は，ルールから逸脱し，主体的な判断を回避しがちな存在でもある。このことは，哲学や宗教哲学，倫理学において多くの先人が明らかにしてきたことだ。このような人間の多面性を認めた上で，それでも人間にできることは何かが問われるべきだろう。また，社会の中で多くのジレンマやコンフリクトに向き合いながら前に進もうとする工学技術の特性と，倫理学という学問の特性は，実は似た者同士であり，倫理学だけが高みの見物をしているわけにはゆかない。

　そこで筆者は本書において，技術および倫理学が，私たちが生きる社会のただ中にありつつも，その社会をわずかなりにもよりよい方向へと変えたり，異なる視点から眺めることによって新たなビジョンを獲得したりする営みにおいて共闘するものと捉え，両者を論じることを目指した。技術も倫理学も共に，現状の社会や人間を少しだけ自由にし，刷新しうる可能性を持っているからだ。倫理学は，いたずらに技術を規制するものでもなく，技術もまた，倫理学を古臭い遺物として捨て去ることはできない。

　本書を執筆する大きな契機となったのは，筆者がこれまで出会ってきた全ての学生諸君である。とりわけ筆者の倫理学の授業にお付き合いいただいた，長野工業高等専門学校の学生の皆さんに感謝を申し上げたい。授業での発言や意見，レポートや授業アンケートなどを通じて，時に返答に窮するような思わぬ応酬や，考えさせられる鋭い見解，また遠慮なしの意見や批判など，様々な声が届けられた。筆者の不勉強ゆえ，その時々に十分な応答をすることがかなわなかったが，本書の中でその一部にでもお答えできていたならば幸いである。

　筆者の企画に関心を寄せ，本書刊行にあたって多大なご尽力をいただいた，ナカニシヤ出版の石崎雄高氏に御礼を申し上げたい。石崎氏には，筆者の初の単著刊行に引き続き，本書でもご労をとっていただいた。またサイエン

ティストとしての立場から，本書で扱うべきテーマについての吟味から，テクノロジーに関する文章表現に至るまで，貴重な助言をくれた夫・古木健一朗に感謝の意を捧げる。本書が，科学技術に関わる方のご関心に沿うことができたならば，それは彼の尽力によるところが大である。

そして，本書に登場した犬のヴェリタスと猫のルクスは，もちろん架空のキャラクターであるが，ヒントとなったのは，筆者の愛犬タハティと愛猫小次郎である。彼らが，人間とは異なる視点で捉えた世界の一端を垣間見せてくれたことに感謝したい。

本書をご一読いただいた，倫理学を学ぶ方，技術に関心をお持ちの方，さまざまな立場の方々からのご意見・ご感想を賜りたく思う。

2018年 8 月

鬼 頭 葉 子

人名索引

ア　行

アイヒマン（Adolf Otto Eichmann）　52
アインシュタイン（Albert Einstein）　125
アリストテレス（Aristotle）　31, 33-42, 44-
　46, 56, 88, 163
アレント（Hannah Arendt）　30, 51, 52, 72,
　73
石牟礼道子　144, 145
ウィットベック（Caroline Whitbeck）　16,
　185
オッペンハイマー（Robert Oppenheimer）
　125
オニール（Onora O'Neill）　102-104

カ　行

カラシニコフ（Mikhail Kalashnikov）　127,
　128
カリクレス（Charicles）　26-29
カント（Immanuel Kant）　43-54, 102, 138,
　161, 169
キムリッカ（Will Kymlicka）　57, 58, 82
キャリコット（J. Baird Callicott）　164
キュリー・ピエール（Pierre Curie）　120,
　123, 124
キュリー，マリー（Marie Curie）　120, 123,
　124
コンスタン（Benjamin Constant）　72

サ　行

齋藤純一　72
サール（John Rogers Searle）　136
サンデル（Michael Sandel）　38, 39, 87
シラード（Leo Szilard）　124, 125
シンガー（Peter Singer）　32, 59, 64, 102,
　161-163
シンジンガー（Roland Schinzinger）　15, 17
スミス・ユージン（William Eugene Smith）
　148
セン（Amartya Sen）　98-100, 102, 104
ソクラテス（Socrates）　24-29, 31, 32, 71

タ・ナ　行

チューリング（Alan Mathieson Turing）　136
テイラー（Paul Taylor）　163, 171
デイリー（Herman Edward Daly）　168, 171
ニーチェ（Friedrich Wilhelm Nietzsche）　27
ヌスバウム（Martha Craven Nussbaum）
　111
ノージック（Robert Nozick）　63, 85-88

ハ　行

ハイエク（Friedrich August von Hayek）　85
ハイゼンベルク（Werner Karl Heisenberg）
　125
パスモア（John Passmore）　159, 160
ハーディン（Garrett Hardin）　175
ハーバー（Fritz Haber）　122, 123, 126
バーリン（Isaiah Berlin）　71, 72, 80
フェルミ（Enrico Fermi）　124, 125
フォージ（John Forge）　122, 126
フォード（Henry Ford）　120
フーコー（Michel Foucault）　69, 72, 73, 115
プラトン（Platon）　20, 26, 28-32, 34, 35, 37,
　40, 41
フリードマン（Milton Friedman）　85, 92,
　93, 100
フロム（Erich Seligmann Fromm）　75
ヘア（Richard Mervyn Hare）　81
ベクレル（Antoine Henri Becquerel）　123
ベンサム（Jeremy Bentham）　53, 55-66,
　68, 69, 72, 81, 115, 161

マ　行

マッキンタイア（Alasdair MacIntyre）　39,
　40, 88
マーティン（Mike W. Martin）　15, 17
マルクス（Karl Heinrich Marx）　157
マンキュー（Nicholas Gregory Mankiw）　96
ミル（John Stuart Mill）　69-71, 75, 81
村田純一　74, 110, 113

ヤ・ラ　行

ヨナス（Hans Jonas）　169-171

ラザフォード（Ernest Rutherford） 124
リーガン（Tom Regan） 161-163
レオポルド（Aldo Leopold） 163, 164
レントゲン（Wilhelm Conrad Röntgen） 123

ロック（John Locke） 85, 88
ロールズ（John Bordley Rawls） 82-88, 102, 111

事 項 索 引

A-Z

AI（人工知能） 8, 69, 131-142, 191
ESG 投資 95
IoT 132
QOL（Quality of Life） 66, 185, 191, 192

ア　行

イデア 29-32, 34, 37, 39
イデア原因説 29
イノベーション 18, 70, 94, 100
インフォームド・コンセント 18
汚染者負担の原則（PPP） 150

カ　行

快楽説 63, 64
格差原理 83
拡大生産者責任 171, 172
格律 49, 50
仮言命法 47, 50
環境アセスメント 165, 166
環境基本法 144
環境倫理 158-160, 162, 171
機械学習（マシンラーニング） 133, 134
危害原則 70
企業の社会的責任（CSR） 92
帰結主義 57, 58
技術決定論 109
規則功利主義 62
基本財 82, 111
義務論 45-47, 53, 159, 161, 169, 174
ギュゲスの指輪 28
京都議定書 176, 178
共有地の悲劇 175
クライアント 13, 14, 16
経験機械 63, 64
傾向性 48, 49, 51, 53, 138
経済学の10大原理 96
形相因 35

ケイパビリティ・アプローチ 54, 111
権原理論 85, 88
原初状態 83, 87, 88
行為功利主義 62, 63
公害 143-154, 160
公害健康被害補償法 150
公害対策基本法 144
工学的判断 3, 17, 61, 65
公共財 86
公衆 14, 16, 18, 21, 65, 103, 104, 142, 152, 173
効用 57, 59, 61, 66, 68, 81, 97, 98
功利主義 19, 42, 45, 52-66, 68-70, 72, 81-82, 84, 98, 138, 139, 159, 161, 174, 179, 180, 190
功利（効用）の原理 57, 60
国民総生産（GNP） 99, 100, 104
国連気候変動枠組条約締約国会議（COP） 176-178, 180
コミュニタリアニズム 87-89, 191
コミュニタリアン 87, 88
コンプライアンス（法令遵守） 4, 6, 13, 15, 21, 51, 93

サ　行

最高善 41, 44
最小国家 86
最大多数の最大幸福 52, 57, 60, 84, 161, 179
作用因 35
四原因説 35
自然権 85
持続可能性 94, 168, 169
持続可能な開発 94, 168, 171
持続可能な開発目標（SDGs） 94-96
質的功利主義 71
疾病構造 188
質料因 35
社会契約論 83
社会決定論 109

社会構成主義　110
社会的実験　17, 18, 21
熟議民主主義　174, 175
種差別　59, 160
消極的自由　71
将来世代に対する責任（将来世代への責任）
　　169, 170, 180
自律　12, 13, 19–21, 48, 49, 51, 53, 69, 73, 138,
　　142
新型出生前診断（NIPT）　186, 187
シンギュラリティ（技術的特異点）　135, 136
スピンオフ　121
スピンオン　120
製造物責任　172
製造物責任法（PL法）　15
生態系　59, 145, 151, 156, 163–165
生態系中心主義　163, 164
生物多様性　164
生物濃縮　153
生命中心主義　162, 163
積極的自由　71, 72
説明責任（アカウンタビリティ）　15, 16
善意志　45, 46
選好功利主義　59, 81, 161, 162
選好充足説　64
潜在能力　99, 100
尊厳死　186, 190
ゾーン・ポリティコン　38

　　　タ　行

胎児性水俣病　149
第四次産業革命　132
ダウン症　187, 192
ダートマス会議　133
他律　19, 48, 53, 138
地球サミット　150
チッソ　146–149, 153
中国語の部屋　136
中庸（メソテース）　39, 40, 44
チューリング・テスト　136
超高齢化社会　61, 188, 190
強いAI　137
定言命法　47, 48, 50
ディープラーニング（深層学習）　133–136
適法性（義務にかなった行為）　49
デュアルユース　120, 121, 130
テロス　35–37, 42, 163, 171
道具的価値　160

道徳性（義務からなされた行為）　49
動物福祉　59
徳倫理学　39, 44
特化型人工知能　135, 137
トレードオフ　96, 97

　　　ナ　行

内在的価値　160, 171
日本技術者教育認定機構（JABEE）　5, 16
日本経済団体連合会（経団連）　94, 95
人間中心主義　160
猫400号実験　148, 153
ノモス（規範）　27

　　　ハ　行

ハイリスク・テクノロジー　18
ハインリッヒの法則（ヒヤリハットの法則）
　　151
パターナリズム　70
パノプティコン　68, 69, 115
バリアフリー　112, 113
パリ協定　177–180
パレート最適　97, 98, 104
汎用人工知能　135
ビッグデータ　133, 191
美徳　39, 40, 44, 46, 88, 89
ピュシス（自然）　27, 36
費用便益分析　60–62, 65, 69
フェールセーフ　113
不確実性　18, 151–153, 175
負荷なき自己　87
普遍性　48
フリーライダー　86
フールプルーフ　113
プロパティ　85
プロフェッション（専門職）　12–15, 21
ポリス　25, 26, 38, 44, 45, 56, 57, 72, 88

　　　マ　行

マキシミン・ルール　84
マンハッタン計画　123–126
水俣病　143–154
見舞金契約　148
ミルグラム実験　15
無過失責任　150
無知　17, 18, 127, 129, 152
無知のヴェール　83, 84
無知の知　29

目的因　35
目的論　35, 36, 41, 42
目的論的中心　163, 171

ヤ　行

有感生物　162
有機水銀　144, 147, 153
ユニバーサルデザイン　112-114, 117
予防原則　8, 150-153
弱い AI　137
四大公害病　144

ラ　行

リオデジャネイロ宣言　150

利害関係者（ステークホルダー）　15, 104,
　162, 163
リスク　16-18, 140, 151-153, 174, 175, 178
リスク・コミュニケーション　153
理性　6, 19, 30-32, 37, 48, 51, 52-54, 71, 111,
　138, 158, 160, 169, 194
リバタリアニズム　85, 87-89, 92, 178, 191
リバタリアン　85, 86
リベラリズム（自由主義）　70, 76, 82, 87-89,
　178, 180, 190, 191
倫理綱領（code of ethics）　13, 14, 21, 24, 93,
　142
ロゴス　37, 38

■著者略歴

鬼頭葉子（きとう・ようこ）

2000年　東京大学文学部卒業
2007年　京都大学大学院文学研究科博士後期課程研究指導認定
2010年　博士号取得（文学）（京都大学）
　　　　長野工業高等専門学校一般科准教授を経て
現　在　同志社大学文学部准教授。京都大学大学院文学研究科応用哲学・倫理学教育研究センター研究員。キリスト教学・宗教哲学・倫理学専攻
著　作　『時間と空間の相克——後期ティリッヒ思想再考』（ナカニシヤ出版, 2018年）, "The Metaphysical Background of Animal Ethics and Tourism in Japan," in *Tourism Experiences and Animal Consumption, Contested Values, Morality and Ethics*, ed. Carol Kline, Routledge,「チャールズ・テイラーの超越概念——宗教と政治性」（『アルケー』24, 2016年）, 他

技術の倫理
——技術を通して社会がみえる——

2018年10月29日　　初版第1刷発行
2021年9月28日　　初版第3刷発行

著　者　鬼　頭　葉　子

発　行　者　中　西　　　良

発行所　株式会社　ナカニシヤ出版

〒606-8161　京都市左京区一乗寺木ノ本町15
TEL（075）723-0111
FAX（075）723-0095
http://www.nakanishiya.co.jp/

© Yoko KITO 2018　　装丁／白沢 正　印刷・製本／亜細亜印刷
＊乱丁本・落丁本はお取り替え致します。
ISBN978-4-7795-1313-8　Printed in japan

◆本書のコピー, スキャン, デジタル化等の無断複製は著作権法上での例外を除き禁じられています。本書を代行業者等の第三者に依頼してスキャンやデジタル化することはたとえ個人や家庭内での利用であっても著作権法上認められておりません。

鬼頭葉子

時間と空間の相克
ー後期ティリッヒ思想再考ー

「われわれは時間のため、未来のために、われわれを包む空間をくり返し去らねばならない―」。預言者的精神をもって特定の空間への執着を批判し、時間における新たなものの到来を待ち望んだ神学者ティリッヒの歴史哲学。

五四〇〇円＋税

三谷尚澄

哲学しててもいいですか？
ー文系学部不要論へのささやかな反論ー

"哲学"は"力"なり!?　いまアメリカの大学生が哲学講義に詰めかけるのはなぜか？　人文系学問を軽視する国家の方針が、必然的に招くことになる危機の本質とは？　哲学教育が養うアビリティとパワーを問う！

二二〇〇円＋税

中村隆文

自信過剰な私たち
ー自分を知るための哲学ー

何をやっても上手くいかないのは隠れた「自信過剰」のせい!?　心理学・経済学・政治学等の知見も大胆に取り込みながら、明快に語られる、人間そして自分自身の意外な実態。自分を知り、人生を変えるための哲学！

二一〇〇円＋税

中村隆文

「正しさ」の理由
ー「なぜそうすべきなのか？」を考えるための倫理学入門ー

気鋭の哲学者が書く、抜群に読ませて明解な倫理学概説が登場！　規範倫理学、メタ倫理学、そして応用倫理学と、今日の倫理学の基本をこの一冊できっちり学べてかつ面白い、コンパクトでハイクオリティの入門書。

二三〇〇円＋税

表示は二〇二一年九月現在の価格です。